Rolf Jeblick

Tunakler

opus magnum – edition amici

Rolf Jeblick lebt mit seiner Frau in Löwenstein. Nach der Lehre als Spengler und Installateur war er zunächst als Mess- und Regelschlosser tätig. Später arbeitete er als Servicemonteur für Hochdrucktechnik im In- und Ausland, bis er schließlich zum Serviceleiter aufstieg. Mitte Vierzig studierte er erfolgreich BWL und übernahm nach dem Abschluss die Vertriebsleitung des gleichen Betriebes mit Prokura.

Mit Beginn seiner Rente machte er sich selbstständig und gründete einen Maschinenhandel.

Rolf Jeblick

Tunakler

Edition Amici

Bibliografische Information der Deutschen Nationalbibliothek
Die Deutsche Nationalbibliothek verzeichnet diese Publikation in der Deutschen Nationalbibliografie; detaillierte bibliografische Daten sind im Internet über http://dnb.dnb.de abrufbar.

Version 1.01
Umschlaggestaltung, Grafik und Layout: Marion Röttgen
Herstellung: BOD Books on Demand GmbH., Norderstedt

ISBN 13: 9783939322962

Inhalt

Wie alles begann 7
Das Dorf und erste Erlebnisse 13
Die Pflegeeltern und die Verwandtschaft 15
Schulerlebnisse und erste Freunde 17
Das Haus, seine Bewohner und Schlimmeres 19
Benedikt.. 23
Waldtage 27
Nach der Schule ist noch kein Feierabend 29
Der Bruder, das Schwimmbad und ein Tritt 31
Unfälle und Missgeschicke 35
Lehrer, Pfarrer und Ausflüge 41
Schlimme Erlebnisse.. 47
Der Zirkus und die Amerikaner 51
Eine schöne Bescherung 57
Neue Freunde.. 63
Zahnschmerzen 65
Schön ist es im Winter 69
Allerlei Missgeschick 73
Rudi, Marga und Halloween 75
Ostern im Schnee.. 79
Sitzenbleiben, Sport und Gesang......................... 81
Erlebnisse mit Rudi, dem Nachbarsjungen 85
Vater, Fury und die bittere Wahrheit 89
Buckel, Wissensdurst und Garderobe 93
Sauberkeit, Hygiene und das mit der Milch.......... 99

Dorfleben, die Schule und der Hunger 103
Nachbar Kraus und beinahe Amerika 109
Umbau und ein seltsames Erlebnis 113
Kerwe, erste Liebe und Abenteuer 117
Weinlese 125
Berufswahl und Konfirmation 129
Partyhütte und schöne Zeiten 135
Lehrjahre 141
Fastnacht und der Blinddarm 149
Rotlichtmilieu 157
Im Kloster und im Gefängnis 161
Vermutlich ein schwerer Fehler 165
Lustige Momente 171
Der erste Kuss 173
Noch mehr Missgeschicke 181
Erotische Verwirrung 183
Die Clique, Respektspersonen
und Ende der Lehrzeit 187
Musterung 193
Gesellenprüfung 197
Schlagzeug und Schlagwerkzeug 203
Endlich Geselle, endlich frei 207

Wie alles begann

Es lag wie ausgestorben da, das kleine Dorf im Pfälzer Wald. Das Dorf hatte zwei Hauptstraßen, eine führte von der Dorfmitte in den Pfälzer Wald, die andere ging mitten durchs Dorf, sie kam vom Rhein und führte nach Frankreich.

Die Bewohner waren meistens Bauern und Waldarbeiter oder fuhren in eine der Fabriken in die Stadt. Sie gingen früh zu Bett, denn der Arbeitstag war lang. Er begann früh und endete spät.

Keiner ahnte, bis auf eine Person, was in jener Nacht passieren sollte. Sie holten ihn ab, mitten in der Nacht. Sie kamen mit einem Militärfahrzeug, Männer mit ausdruckslosen Gesichtern, in Uniform mit dem Abzeichen der französischen Armee am Revers, dunkel schimmernde Waffen und Schlagstöcke am Gürtel. Sie zerrten den Mann, der sich kaum wehrte, fast kommentarlos in den Jeep, die Hände auf dem Rücken mit Handschellen gefesselt, wie einen Schwerverbrecher. Hinter den Scheiben der Nachbarn sah man schemenhaft Gesichter, manche schauten entsetzt, andere wieder zufrieden grinsend. Was hatte er verbrochen? Er wollte doch nur für seine Verlobte und sein Baby sorgen. Sein Verbrechen war, die Geliebte und sein Kind mit Nahrung zu versorgen. Das war damals bei Strafe verboten, denn er diente in der französischen Armee, er war bei den Siegern, er gehörte zur Besatzungsmacht und da lässt man sich nicht mit den Verlierern ein und ernährt sie auch noch, man war schließlich die Macht, die den Nazis die Niederlage beigebracht hatte.

Es gibt aber bei den Besiegten Leute, gerade in einem Kaff wie diesem, Menschen, die dem anderen, gerade in dieser schlechten Zeit, nicht die Krume Brot gönnen, dann wird eben mal denunziert und man fühlt sich als Gutmensch. Vielleicht zeigt sich der Besatzer erkenntlich und man bekommt die Krume, die man dem anderen nicht gegönnt hat. Schaut her, ihr Sieger, ich bin ganz auf eurer Seite, ein guter Neudeutscher, auf mich könnt ihr zählen. Was interessiert mich der andere, soll er doch verhungern.

Die Frau mit dem Kind auf dem Arm weinte und hob wehklagend und flehend die Arme. Doch die Soldaten waren unerbittlich, sie folgten nur den Befehlen ihrer Vorgesetzten. Vielleicht hatten sie Frau und Kind in der Heimat. Vielleicht tat ihnen die weinende Frau auch leid – aber Befehl ist Befehl. Vielleicht ist der Verhaftete ein Freund, vielleicht lagen sie gemeinsam im Schützengraben, aber Befehl ist Befehl. Man hat nie wieder etwas von ihm gehört, als hätte es ihn nie gegeben. Das Kind jedoch beweist, es hat ihn gegeben.

Es war einer der kältesten Winter seit Menschengedenken im Jahr 1946/47. Hunger und Verzweiflung plagte die Menschen in der Nachkriegszeit und jeder kämpfte ums Überleben.

Man fand sie an einem solch kalten Vormittag im November 46. Die dick vereisten Fenster ließen das Licht nur gebrochen in das spärlich eingerichtete Zimmer dringen. Die gefrorene Atemluft kam wie Rauch aus den entsetzten Mündern der Anwesenden. Sie lag da, die weit geöffneten ausdruckslosen Augen vom Hunger gezeichnet tief in den

Augenhöhen liegend, auf das wimmernde Bündel neben ihr gerichtet. Doch die Augen sahen das Kind nicht mehr. Ein trauriges, wie eingemeißeltes Lächeln umspielte die farblosen Lippen der ausgemergelten Frau. Die dünnen Arme umschlangen den Körper des Bündels, das in dem düsteren Raum nur am Jammern als Kind zu erkennen war, als wollten sie das kleine Wesen vor etwas beschützen.

Leider hörte sie das Winseln nicht, denn in dieser kalten unfreundlichen Nacht wurde sie von all diesen Missständen erlöst. Sie ging bestimmt nicht freiwillig, aber dem Nahrungsmangel, der Kälte der Natur und der Mitmenschen war sie nicht gewachsen. Sie war doch erst 24 und hatte Pläne, wollte ihrem Jungen eine gute Mutter sein, ihn wachsen sehen, mit dem hoffentlich bald zurückkommenden Verlobten eine Familie gründen. Vielleicht schaut sie aus einer anderen Ebene auf ihr Liebstes herab, wer weiß?

Die verstörten Menschen im Raum deckten die leblose Frau zu und schauten mit teils mitleidigen, teils verstörten Blicken auf den Knaben, der weinend in seinen durchnässten Windeln, die eigentlich zerrissene Tücher waren, auf dem Bett lag. Er weinte nicht, weil die Mutter tot war, er wusste es ja nicht, war ja viel zu klein, um das alles zu begreifen. Er vermisste die Wärme, die normal von der Mutter kam, er hatte Hunger, er hatte Durst, aber die Menschen verstanden ihn nicht, dabei war auch er fast verhungert – würde er der Mutter folgen?

Irgendjemand kümmerte sich dann doch um ihn. Er bekam frische Windeln und ein warmes Fläschchen. Dass er später aufgrund der Mangelernährung noch Probleme haben würde, wusste zu dem Zeitpunkt noch niemand.

Man begrub Margarete, so hieß die Frau, im Grab ihrer Eltern. Nach der Beerdigung wurde über die Zukunft des Jungen entschieden. Margarete hatte Geschwister, eine Stiefschwester, drei leibliche Schwestern und einen Bruder, aber die waren noch zu jung für ein Kind oder hatten selbst Kinder und waren nicht in der Lage, für ein weiteres Kind zu sorgen.

Die Stiefschwester hatte Margaretes Mutter mit in die Ehe gebracht, die hatte damals schon drei Kinder, später sollten noch drei dazu kommen. Irgendwann hat der Junge erfahren, dass diese Stiefschwester den Franzosen den entscheidenden Hinweis gab, der zur Verhaftung des Vaters von Margaretes Baby führte.

Da war aber noch ein Cousin von Margarete, der durch die Nazis unfruchtbar gemacht worden war, der hatte einen zehnjährigen Jungen, der wollte ein Brüderchen haben, also nahm er den Jungen mit, und der Junge hatte ein Brüderchen und Vater und Mutter. Es war leider, wie sich später zeigte, nicht die Sehnsucht nach einem zweiten Kind, sondern das vom Jugendamt gezahlte Pflegegeld, das die Haushaltskasse aufbessern sollte, das war der eigentliche Grund, dieses Baby aufzunehmen. An eine Adoption wurde kein Gedanke verschwendet.

Der Knabe, sein Name war Ralf, war sehr kränklich und bekam eine Krankheit nach der anderen. Erst war es Rachitis, dann die Masern und was ein Kind noch so bekommen kann. Er konnte erst mit drei Jahren laufen, was auf die mangelhafte

Ernährung zurückzuführen war. Irgendwann wurden die Krankheiten weniger und er kam langsam zu Kräften. Man sagte, er war ein lieber Junge, aber still und zurückhaltend, und er weinte oft, vielleicht zu oft, das würde er später noch merken und vor allen Dingen zu spüren bekommen.

Das Dorf und erste Erlebnisse

Im Dorf lebten die Menschen streng nach Religionen getrennt – obwohl das Kaff gerade mal 2200 Einwohner hatte, gab es alle sozialen und religiösen Einrichtungen zweimal. Da waren die evangelische und die katholische Kirche, die Kindergärten gab's auch im Doppel. Sogar in der Volksschule gab es katholische und evangelische Klassen. Die Kranken und Alten wurden, je nach Glauben, von evangelischen oder katholischen Schwestern besucht. Als Vierjähriger durfte oder musste er in den Kindergarten, der war kostenlos und man hatte ihn einige Stunden vom Hals. Er ging gerne in den Kindergarten, es war ein evangelischer Kindergarten, da waren nette Kinder, zumindest glaubte er das am Anfang. Und in Tante Gerda war er sofort verliebt, die war so warmherzig, und ihre strahlenden Augen zeigten ihm, dass es auch gute Menschen gab, Menschen mit Herz und Zuneigung und vor allem mit Gefühl für Kinder.

Im Laufe der Zeit merkte er, dass er anders war als die Kinder im Dorf. Die waren alle blond oder brünett, mit blasser Haut. Er war das genaue Gegenteil, er hatte nämlich dichte blauschwarze Haare, die Haut war kaffeebraun und dieses Aussehen ließen ihn einige der Kinder, aber auch viele Erwachsene spüren. Sie riefen ihm Mohrenkopf oder Neger hinterher, das tat weh. Aber die Nachbarn waren nett zu ihm. Besonders der ältere Herr, Herr Wenzel, der direkt neben ihm wohnte. Da gab es immer etwas Süßes und tröstende Worte – Worte, die er von den Pflegeeltern nie zu hören bekam. Eines Tages schenkte er ihm einen Bleistift und lehrte ihn, seinen Namen zu schreiben. Der Junge war mächtig stolz auf sein Können, jeder in der Straße musste es wissen – er konnte schreiben. Andere Kinder konnten das noch nicht, er hatte ihnen was voraus, das machte ihn stolz.

Die Pflegeeltern und die Verwandtschaft

Vor dem Vater hatte der Junge Angst, der roch immer so komisch und jeden Freitag kam er torkelnd von der Arbeit. Dann war es immer laut in dem kleinen Haus, die Mutter schrie mit ihrem betrunkenen Mann. Dass der Alkohol die Ursache des Streits war, merkte der Junge erst, als er etwas älter war. Immer wenn der Vater betrunken war, musste Ralf Beschimpfungen über sich ergehen lassen. Tunakler, rief er. Dabei wusste der Junge gar nicht, was das Wort Tunakler bedeutete, es war Vaters Wort für Tunesier. Es musste aber was Schlimmes sein, denn die wässrigen, geröteten Augen des Vaters sprühten fast hasserfüllt dabei. Bei diesem Blick fing Ralf sofort an zu weinen und floh ins Bett.

Die Mutter schimpfte am Morgen mit dem Jungen, weil das Bett schon wieder nass war. Es was immer nass, wenn der Vater mit ihm schimpfte oder die Mutter ihn schlug. Sie schlug ihn oft, zu oft. Es gab Schläge beim Essen, weil er keinen Spinat oder das Fett vom Rindfleisch nicht essen wollte – das magere Fleisch war nur für die Erwachsenen. Da lag der Handfeger oder die Wäschezange neben dem Teller und diese Werkzeuge wurden ungehemmt eingesetzt.

Die Mutter seiner Pflegemutter hatte Geburtstag. Wie zu dieser Zeit üblich, kamen alle Kinder der Oma und die Enkel zu diesem Fest. Diese Familientreffen hasste der Junge, denn keiner der Teilnehmer dieser Feier war irgendwie in der Lage, sich mit ihm zu beschäftigen oder zu spielen. Er war ja anders. Da Ralf und seine Familie weiter weg wohnten, wie auch einige der Verwandten, wurde bei der Oma übernachtet.

Der Junge musste mit dem Baby einer Tante, einem Mädchen, schlafen. Er war ja schon fünf und konnte auf das Baby achten. Warum war das Baby so still? Es kann doch nicht mit offenen Augen schlafen. Es war auch ganz weiß im Gesicht, gestern war es noch rosa und kalte Hände hat es auch. Er rief nach der Tante, der Mutter von dem Mädchen. Sie kam, sah das Baby, aber warum schrie und weinte sie, vielleicht war das Baby krank? Sie schrie weiter, ganz laut, sie weinte, er weinte, er weinte, weil sie so laut schluchzte.

Plötzlich standen alle Erwachsene im Zimmer, komisch, die Kinder durften nicht rein, er war doch auch da. Warum starren mich alle so an, dachte er – nur weil er und die Tante weinten? Wird ihn seine Mutter jetzt schlagen, weil er weinte? Sie schlug nämlich immer, wenn er weinte. Die Oma, aber auch die anderen Erwachsenen starrten ihn mit feuchten Augen an. Die Tante nahm das Baby auf den Arm und brachte es weg, auch die Erwachsenen gingen aus dem Zimmer, er weinte sich in den Schlaf. Später sagte man ihm, das Baby wäre jetzt im Himmel.

Bei der Verabschiedung von den Verwandten hörte er, wie die Oma zu seiner Mutter sagte, mit dem hast du dir eine Laus in den Pelz gesetzt, den hätte ich nie genommen, das ist ein Bankert. Zum Glück wusste er damals nicht, was das alles bedeutete.

Schulerlebnisse und erste Freunde

Ralf kam in die Volksschule und war mächtig stolz, denn er konnte schon zählen und viele Buchstaben schreiben, das hat ihn alles der nette Opa Wenzel gelehrt. Seine Lehrerin war sehr angetan von seinem Wissen – aber nicht von seiner Kleidung. Die anderen Kinder waren alle so schick angezogen, warum hatte er keine solchen schönen Klamotten? Er schämte sich deshalb. Warum hatten die anderen Kinder so schöne Ranzen und er nicht, warum? In den Pausen wurden die Pausenbrote ausgepackt, Brot mit Wurst oder Käse, einige hatten sogar Obst dabei. Er musste Marmeladenbrot ohne Butter drunter essen, manchmal bekam er einen Apfel von den Klassenkameraden geschenkt.

Seltsamerweise war sein Äußeres innerhalb der Klasse nie ein Thema, nur während der Pausen kamen hämische Bemerkungen, Mohrenkopf, Neger oder Kanake von den Schülern anderer Klassen. Hatte eine Lehrerin Pausenaufsicht, stand diese ihm bei und wies die Kinder zurecht, die Lehrer dagegen schienen schlecht zu hören.

Ralf hatte auch zwei beste Freunde, Hans und Peter. Die wohnten in der Nachbarschaft, die nahmen ihn so wie er war, auch die Eltern der Freunde akzeptierten ihn so, und er fühlte sich wohl bei den Familien. Da wurde nicht geschrien oder geschlagen. Am liebsten wäre er nach einem Besuch bei den Freunden nicht mehr nach Hause gegangen.

Das Haus, seine Bewohner und Schlimmeres

Er lebte mit den Eltern in einem kleinen, sehr kleinen älteren Häuschen mit kleinen Zimmern ohne Bad, und die Toilette war im Hof. Alte Zeitungen, in Viertel gerissen, waren auf einen langen Nagel gesteckt, die Tür zierte ein zittrig herausgesägtes Herz. Im Winter war es kalt auf dem Klo und im Sommer umschwirrten ihn gelbliche und schwarze große Fliegen und von oben schauten Spinnen neugierig bei der Verrichtung des Geschäfts zu. Der Geruch auf dem Örtchen war im Sommer sehr streng, und man beeilte sich bei der Notdurft.

Hinter der Toilette befand sich die Grube, die mit Brettern abgedeckt war. Einige der Bretter waren morsch, sie hielten aber, bis zu dem Zeitpunkt, als der Junge seinen hölzernen Spielreifen von der Abdeckung holen wollte, der darauf gerollt war.

Die Bretter konnten das Gewicht nicht halten, er brach ein und tauchte unter. Augen zu, nur nicht atmen, strampeln und mit den Ärmchen rudern, auftauchen, tief durchatmen und schreien, er war zu klein, um sich an den restlichen, noch festen Brettern zu halten. Der Geruch in der Nase, der Geschmack im Mund und ekelhafte weiße Würmer überall, hörte ihn denn niemand? Endlich, wie nach Stunden, kam sie, die Mutter, mit hochrotem Kopf laut schreiend, nicht aus Angst ums Kind, nein, der hatte doch die Bretter kaputt gemacht und die Kleidung musste jetzt auch noch gewaschen werden. Sie beugte sich laut schnaufend über ihn und zog ihn mit einem Ruck aus der Brühe. Triefend, stinkend und weinend stand er vor ihr mit weit aufgerissenen Augen, die brannten wie Feuer, starrte er sie an, wissend, was jetzt kommt: Hiebe.

Aus der Regentonne holte sie, immer noch laut schimpfend, einen Eimer mit Wasser, sehr kaltem Wasser und goss es mit Schwung über ihn – und noch einen Eimer. Ralf zitterte jetzt nicht nur vor Angst, sondern vor Kälte. Die nassen, noch stinkenden Kleider vom Leib und nackt da stehend, noch ein oder zwei Güsse der kalten, brackigen Brühe über den nackten Körper. Abtrocknen, bitte nicht so fest mit dem rauen Tuch, die Haut ist ja ganz rot und mit dicker Gänsehaut überzogen. Endlich trocken, frische Klamotten und ab ins Haus, Stubenarrest.

Es wohnten viele Leute in dem kleinen Haus mit den kleinen Zimmern. Das Haus war so klein, dass ein Erwachsener mit der Hand in die Dachrinne fassen konnte. Da waren die Eltern, der große Bruder, Tante Marga, die Schwester des Vaters, deren Freund, ein Pole, der bei den Amis arbeitete, und Opa Benedikt.

Der Junge nannte die Eltern Mama und Papa, eigentlich hießen sie Rudolf und Emilie. Dass es nicht seine richtigen Eltern waren, der Opa nicht der richtige Opa war und sogar sein Bruder nicht sein Bruder, erfuhr der Junge schmerzlich, als er gerade mal zwölf Jahre alt war, wie er das erfuhr, davon später. Emilie war dick, sehr dick und hatte eine laute Stimme, sie konnte so laut schreien, dass man es im halben Dorf hören konnte. Sie war Hausfrau und musste für die Kinder und den Haushalt sorgen.

Rudolf dagegen war schlank, fast dünn und sprach nicht so laut wie die Mutter, nur wenn er betrunken war, wurde er laut. Er arbeitete damals in einer Tongrube, später war er Bauhilfsarbeiter.

Sein neuer Bruder, der hieß Rudi und war zehn Jahre älter als Ralf. Wenn er zu Hause war, beschützte er den Jungen, seinen kleinen Bruder – leider war er nicht immer da. Er war so anders als der Vater. Erst viel später bekam der Junge mit, dass der Vater auch gar nicht der Vater von Rudi war.

Benedikt

Eigentlich hatte der Vater von Rudolf, jetzt der Opa des Jungen, das Haus gekauft, aber er musste es schon früh an seinen Sohn überschreiben, sonst hätte ihn seine Schwiegertochter nach dem Tod seiner Frau nicht versorgt. Zum Dank bekam er ein eigenes Zimmer.

Opa Benedikt war der Bruder des richtigen Opas des Jungen und eigentlich mehr wie ein Freund des Jungen. Er mochte den Knaben und der war gerne in seiner Kammer, obwohl sie nicht so gut roch. Opa Benedikt trank auch viel und machte auch das Bett nass, wie der Junge, dann schrie die Mutter auch mit dem Opa. Obwohl er trank, war er gut zu dem Jungen, er schrie ihn nicht an und schlug oder beleidigte ihn nie. Opa Benedikt weinte auch öfter, das sah aber nur der Junge. Der Alte war klein, sehr hager und hatte einen grauen Schnurrbart, der oben zur gebogenen Nase hin immer leicht braun gefärbt war.

Er hatte so eine kleine, bauchige, graue Flasche mit einem blauen Bild, die mit einem kleinen Korken mit Pinsel verschlossen war. Der Junge beobachtete ihn oft dabei, wenn der Korken von dem Fläschchen gezogen wurde. Der Opa presste Daumen und Zeigefinger zusammen und in die Kuhle zwischen den Fingern schüttete er braunen Puder aus der Flasche. Dann hob er die Hand mit dem Puder zur Hakennase und schnaufte tief ein und das Puder verschwand in der Nase. Jetzt sah er lustig aus mit den braunen Nasenflügeln, dann plötzlich zog er die

Augen zusammen und nieste laut und schnäuzte in einen Stofffetzen, er hatte kein Taschentuch wie die Eltern seiner Freunde, die immer so schön gebügelt und zusammengefaltet waren. Jetzt war auch der Stofffetzen braun. Genüsslich faltete er das Tuch und steckte es in eine Tasche seiner zu großen Cordhose, er sagte immer Manchesterhose.

Dann ein Schluck aus der Weinflasche, immer nur ein Schluck, sagte er zum Jungen. Die Weinflasche stand immer neben dem Bett, denn wenn Opa Benedikt nachts aufwachte, brauchte er nur einen Schluck.

Opa las gerne, am liebsten Wildwestbücher. Im Dorf gab es einen Buchverleih – eine Woche 20 Pfennige –, manche neueren Bücher kosteten 30 Pfennige. Die Bücher durfte Ralf für den Opa holen, dann gab es 10 Pfennige für einen Mohrenkopf, den aß der Junge so gerne. Aber die Pflegemutter durfte das nicht wissen, sonst gab's wieder Schimpfe oder gar Haue.

Ralf las auch in den Büchern, im Winter war das schön, weil der Ofen vom Opa immer warm war, es roch nach Harz und Rauch, dann saßen beide am Fenster, Licht durfte der Opa erst am Abend anmachen, sonst würde er wieder von der Schwiegertochter beschimpft. Also saßen beide da und lasen, und wenn der Junge ein Wort nicht lesen konnte, fragte er Opa Benedikt, der wusste es.

Der Opa träumte auch sehr laut – er träumte die Romane – nur dann, wenn ein Schluck zu wenig war. Dann machte er die Geräusche der Indianer nach, ja er heulte so laut, dass alle aufwachten. Er schoss auch zurück, denn die Cowboys mussten sich ja gegen die Indianer wehren, natürlich hatte er keine Pistole, er schoss mit dem Mund. Dann wurde er von der Pflegemutter aufgeweckt, die schrie noch lauter als die Indianer.

Wenn Emilie besonders launisch war, zog er sich immer zu Opa zurück, der meinte dann zum Jungen, du und ich, wir sind das fünfte Rad am Wagen. Erst später verstand Ralf diesen Satz.

Opa war rüstig, ja, er war zäh wie Juchtenleder. Die Winter waren kalt und lang, also musste im Sommer für den Winterbrand gesorgt werden. Dienstag und Freitag war Waldtag, da musste man in den Wald, um Holz zu holen, auch der Junge musste mit, mit dem Handkarren, welcher vier eisenbereifte Räder und eine Zugdeichsel hatte. Seile zum Festzurren, eine Axt und eine Säge waren auf dem Wagen, so ging es in den Wald. Der Weg zum Wald war weit und immer bergauf, bestimmt hundert Kilometer, dachte der Junge, es waren aber nur drei. Sie lasen große Äste auf, Opa putzte sie aus, auch dürre Bäume wurden mit der Axt gefällt und dickere Stämme mit der Handsäge. Es war heiß, sehr heiß und die Mücken umschwirrten die Köpfe der beiden. Zum Trinken hatten sie Wasser, Leitungswasser, das nach Waldmeister schmeckte, weil Opa dem Wasser immer Waldmeister und Zucker beimischte.

Lage um Lage wurde nun das zurechtgesägte Holz auf den Wagen gelegt. An den Seiten wurden dünnere Stämme befestigt, damit sie höher laden konnten, und wenn der Wagen hoch genug beladen war, wurde das Ganze mit Seilen gesichert. Jetzt Axt und Säge verstauen und heimwärts gehen. Der

Wagen war schwer, für den Jungen zu schwer, aber Opa war ja dabei. Zu zweit zogen sie den Wagen, dessen Räder sich tief in den Waldboden fraßen, aus dem Wald auf die geteerte Hauptstraße. Mensch, war der Wagen jetzt leicht, der Junge konnte jetzt sogar alleine ziehen, weil Opa jetzt eine Prise aus der bauchigen Flasche brauchte.

Der Junge konnte den Karren ziehen, bis die Straße abfiel, dann musste Opa helfen. Opa war clever, er hatte einen Buchenstock mitgenommen, den er zwischen Straße und Wagenboden klemmte und so wunderbar bremsen konnte. Zu Hause angekommen – Holz abladen, auf einen Meter kürzen und aufstapeln, weil das Holz noch trocknen musste. Es waren schöne Stapel, die mit Pfählen gehalten wurden, damit sie nicht auseinanderfallen können. Jetzt hatten sie Pause vom Wald, bis zum Freitag.

Waldtage

Der Wald hatte aber auch Heidelbeeren, Himbeeren und Brombeeren. Ralf musste zur Erntezeit mit der Mutter in den Wald, um die Früchte zu ernten. Manchmal ging der Junge auch alleine in den Wald, um Beeren zu pflücken. Wenn Emilie mit der Mutter in den Wald ging, hatten sie eine Karre dabei. Mit dem Schubkarren wieder bergauf und hundert Kilometer, oder drei? Bis zum Wald. Im Schubkarren waren große Eimer und für jeden eine Dose, da war früher etwas anderes drin. Die Dosen hatten einen Drahtbügel, den man mit einer Schnur oder dem Gürtel am Bauch befestigte, um beim Pflücken beide Hände freizuhaben. Flaschen mit Zuckerwasser und belegte Marmeladenbrote im Stoffbeutel, denn in den Schulferien musste man lange im Wald bleiben. Erst wenn die großen Eimer, bestimmt hundert Liter, oder doch nur zehn, voll waren, fuhren sie heimwärts.

Wehe, der Junge ließ die Beeren im Mund verschwinden. Die Mutter schrie ihn an, so werden wir nie fertig – also musste Ralf wieder weinen und weiter pflücken.

Schlimm waren die Brombeeren, die kurzen Hosen des Jungen ließen die scharfen Dornen ungehindert an die dürren Beinchen. Blutige Kratzer und blutgierige Fliegen machten die Ernte für den Jungen zur Plage. Der Rücken tat weh, aber in den Dornen sitzen um den Rücken zu entlasten ging ja nicht – weil das noch mehr Kratzer und noch mehr Fliegen gab, ach ja, nur nicht die Hosen zerreißen, sonst gab es Hiebe, Schreie und wieder Weinen. Also besser auf die Hosen achten und schön gebückt weiter pflücken. Es gab die Himbeerzeit, dann die Brombeerzeit und im Herbst die Heidelbeerzeit. Ja und die Waldtage gab es ja auch noch und ... nach der Reise kommt das Ziel.

Der Wald hatte nicht nur Holz und Beeren zu bieten – nein, es gab auch Pilze – also auch eine Pilzzeit. Nun wieder bergauf in den Wald mit dem Korb unterm Arm, Emilie im Nacken und Pilze suchen. Der Kleine kannte die Pilze schon – das hat ihm Opa Benedikt gezeigt. Die Pilze hatten auch ihre Lieblingsplätze im Wald. Jeder Pilz einen anderen Lieblingsplatz. Die Pfifferlinge versteckten sich gerne unter dem Laub, der Hahnenkamm liebte Baumstümpfe, der Steinpilz den Schatten der Bäume. Ralf kannte ihre Verstecke. Opa hatte sie ihm gezeigt. Die Pilze muss man schön mit dem Messer am Boden abschneiden, sonst kommen sie im nächsten Jahr nicht mehr, und in den Korb legen. Nicht werfen oder gar auf die Pilze am Boden treten, sonst...

Der Korb ist voll, auch der von der Mutter. Endlich geht es nach Hause. Vorher beim Aufkäufer vorbei, der hatte eine Waage, um die Pilze zu wiegen und die Pflegemutter bekam Geld vom Aufkäufer. Auch die Beeren mussten beim Aufkäufer vorbeigebracht werden.

Nach der Schule ist noch kein Feierabend

Im Dorf gab es Bauern, die brauchten Hilfe bei der Rüben- und Kartoffelernte. Der Junge musste auch hier mithelfen. Der Bauer hatte eine Maschine, welche die Kartoffeln aus der Erde schlug und sie seitlich über einen Rüttelrost in Säcke füllte. Die Männer verschnürten die Säcke mit Kordeln und hoben sie auf einen Wagen. Der Junge hatte einen Korb und las die Kartoffeln auf, welche die Maschine vergessen hatte. War der Korb voll, wurde er in einen Sack geleert. Wieder Kreuzschmerzen und auf die Hose achten, weil sie sonst schmutzig wird. Am Abend bekam die Mutter vom Bauern Geld und Kartoffeln oder Gemüse.

Das kleine Häuschen hatte auch einen Garten, einen großen Garten, der bepflanzt war mit Gemüse, Erdbeeren, Salat, Stachel und Johannisbeeren und Blumen und Unkraut, das von selbst kam.

Nach der Schule wurde erst gegessen, manchmal mit Widerwillen des Jungen, aber der Handbesen... Dann kamen die Hausaufgaben, aber bitte schnell, denn der Garten wartet auf den Jungen. Immer war ein Beet da zum umgraben oder ernten oder Unkraut jäten – es gab immer etwas zu tun für den Jungen. Vom Garten konnte er die Schreie und das Johlen der anderen Kinder auf dem Bolzplatz hören, aber der Garten hatte Vorrang.

Emilie sagte immer zu dem Jungen: Erst die Arbeit, dann das Spiel, nach der Reise kommt das Ziel. Nur, Ralf verstand den Spruch nicht. Spielen war doch schöner. Beet umgegraben, Unkraut gezupft, keine Schreie mehr vom Bolzplatz, zu spät zum Spielen.

Manchmal aber konnte Ralf mit den Nachbarskindern noch eine halbe Stunde vorm Haus mit Murmeln spielen oder mit der Peitsche den Kreisel drehen. Nur nicht so weit weg vom Haus, sonst schreit sie wieder, und er muss wieder weinen, und wenn er weint, dann gibt es Schläge, ein nasses Bett und wieder Schläge.

Im Garten waren auch Obstbäume, das Obst muss gepflückt werden – nach den Hausaufgaben. Nach der Arbeit kommt das Spiel.

Es gab Tiere im Garten in einem Gehege, Hühner, die hatten Hunger und Durst und machten Dreck, Hühnerdreck, also Füttern, Wassertrog reinigen, Wasser auffüllen, den Hühnerdreck mit der Schaufel in den Eimer, dann auf das Beet kippen, untergraben, nach der Reise kommt das Ziel. Die Eier sammelte Emilie selber ein, denn der Bankert könnte ja welche zerbrechen.

Ralf liebte Regen, besonders Gewitter, dann gab es keinen Wald, keinen Garten und keinen Bauern, aber es gab Opa Benedikt und ein Buch, nicht erst Arbeit, sondern gleich Ziel.

Der Bruder, das Schwimmbad und ein Tritt

Den großen Bruder Rudi sah er selten, nur abends beim Essen, bei ihm lag nie der Besen, der war schon am Ziel. Er war ja zehn Jahre älter und „ihr" Sohn, ein lieber Sohn. Zu Ralf war der Bruder gut. Nur einmal, da war er nicht so gut.

Die Eltern waren verreist, bei der bösen Oma, die mit der Laus im Pelz. Die Chancen waren gut für den Jungen, nicht erst Arbeit und dann Spiel, nein, gleich Spiel. Aber da war ja noch der bis dahin gute, große Bruder. Also, sagte der Kleine dem Großen: Ich gehe jetzt spielen. Schau mal, sagte Rudi zu Ralf und öffnete seine Hand, wo sich ein graues Pulver befand, der Kleine schaute auf die Hand, in dem Moment pustete der Große und das Pulver flog von der Hand in die Augen des Jungen. Das brannte wie Feuer, die Tränen liefen, die Nase tropfte, er konnte nichts mehr sehen, je mehr er die Augen rieb, desto stärker war das Brennen in den Augen, kein Spielen heute. Der Tag war gelaufen und immer noch das Brennen. Rudi ging zu seinen Freunden, Ralf hatte jetzt ja noch den Opa zum Trösten, aber kein Spiel und noch nicht einmal lesen waren möglich.

Im Dorf gab es einen Badeweiher, ein schöner Weiher mit großen Weiden auf der Wiese und einem Sprungbrett, bestimmt fünfzig Meter hoch, oder doch nur drei? Der Kleine konnte noch nicht schwimmen. Es gab eine Abtrennung zwischen dem flachen und dem tiefen Wasser, Holzbalken, unter denen man durchtauchen konnte. Rudi sollte auf Ralf aufpassen, aber der große Bruder hatte doch

Freunde, auch Mädchen, die kichernd auf seiner Decke lagen.

Ralf sah den Großen beim Schwimmen zu, das war aber einfach, nur die Arme so bewegen, als wolle man das Wasser trennen und die Beine wie ein Frosch bewegen. Also probierte der Junge, es genauso zu machen, das Wasser trug ihn nicht. Er ging unter, Wasser in den Augen und im Mund, zum Glück konnte er tauchen und im Wasser stehen. Jetzt kam der Husten von dem Wasser im Hals. Noch einmal probieren, mit den Händen das Wasser teilen, auf einem Bein stehen und mit dem anderen Bein den Frosch machen. Das sah gut aus, mit dem Bein hüpfen, die Arme wie die Großen bewegen, bestimmt denken alle, der Kleine schwimmt gut – was war er stolz auf seine Leistung. Also weiter hüpfen auf einem Bein, das andere macht den Frosch, und plötzlich konnte er nicht mehr hüpfen, er hatte im Eifer und weil er immer zum Bruder schaute, die Abtrennung verlassen, war das tief. Untertauchen, mit beiden Beinen den Frosch machen, das Wasser teilen und plötzlich der Kopf über Wasser, schnell weiter fröscheln und Wasser teilen, jetzt konnte er wirklich schwimmen, mit zwei Beinen. Schnell den Bruder rufen und stolz präsentieren – ein schöner Tag, ein schönes Spiel.

Am Eingang vom Weiher war ein Häuschen, in dem saß der Bademeister und kassierte Geld von den Leuten. Zwanzig Pfennig will er fürs Baden. Ralf hatte oft keine zwanzig Pfennig, das war viel Geld. Der Junge hatte aber einen Freund, den Hans, der bekam immer fünfzig Pfennig von seiner Mutter, um zum Baden zu gehen. Weil er Ralfs Freund war, zahlte er für ihn das Geld, und sie planschten beide im kühlen Nass.

Es war Freitag, als sie beim Baden waren, ein Freitag. Der Vater, Rudolf war freitags selten oder nie gut zu dem Jungen. Der Geruch, das Torkeln, Ralf kannte das und hatte Angst vor diesem Zustand. Der Junge sah den Vater vom Wasser aus, wie er auf die Wiese eilte und ihm befahl, sofort das Wasser zu verlassen. Ralf dachte sofort: Erst die Arbeit, dann...

Also verließ er schnell bibbernd das Wasser und lief barfuß aus der Badeanstalt, im Sommer lief er immer barfuß, Vater Rudolf hinterher. Der Vater war schneller, trotz der Stiefel, die er trug. Er holte zum Tritt aus und traf den Jungen voll am Hinterteil, so fest, dass der Junge hinfiel. Am Boden liegend wurde er angeschrien: „Woher hast du das Geld?" Dass es von Hans war, glaubte er nicht. „Das hast du bestimmt der Mutter geklaut." Weinend rannte Ralf nach Hause, um sich von Emilie die zweite Standpauke anzuhören.

Unfälle und Missgeschicke

Hans hatte einen Tretroller, einen schönen Tretroller mit Luftreifen und Fußbremse am Hinterrad. Ralf durfte auch mal fahren, das machte Spaß. Es gab eine steile Straße im Ort, schön geteert, ideal zum Roller fahren und Hans hatte eine Idee. Wir fahren zu zweit auf dem Roller: Ralf stand vorne auf dem Roller, die Hände fest am Lenker geklammert, Hans dahinter, die Hände am Lenker außen, und jetzt trat Hans an, sie fuhren, schön der Wind im Gesicht. Was war jetzt? Hans bekam Angst und sprang vom Roller, der Junge raste weiter und verlor die Kontrolle, weil die Hände so fest innen am Lenker waren und nicht außen, wo eigentlich Hans lenken sollte, die Bremse war auch zu weit hinten, seine Beine waren zu kurz und er war barfüßig. Der Roller fiel um, Ralf flog über den Lenker, aber wo kam plötzlich der Heuwagen her? Ein großer Heuwagen mit einer Bremse, die mit einer Handkurbel betätigt wurde. Die Kurbel hatte einen Griff, der nach außen stand, der Griff traf den Jungen am Kinn. Er lag da und blutete am Kinn, die Hände und Knie bluteten auch, das tat weh.

Menschen halfen ihm auf die Beine. Irgendjemand hatte ein Taschentuch, ein so schön gebügeltes, und drückte es auf die Wunde am Kinn. Hans rannte weinend zur Mutter des Jungen, die dann auch hechelnd zur Unfallstelle kam. Bei ihrem Anblick weinte plötzlich auch Ralf – würde sie ihn wieder anschreien oder gar schlagen, vor all diesen Leuten? Sein Schluchzen wurde stärker, nicht vor

Schmerzen, nein vor Angst. Die Hand mit dem schönen Taschentuch am Kinn, das jetzt immer röter wurde, liefen sie gemeinsam, Emilie und der Junge, zum Arzt.

Der Arzt war sehr nett, ein gütlich blickender Mann mit lichtem geöltem Haar, das er streng nach hinten gekämmt hatte. Eine Nickelbrille wurde von seiner Nasenspitze am Herunterfallen gehindert. Über den Brillenrand blickte er auf den Jungen und sah sich die Wunde an. Er zog eine Spritze auf und Ralf musste den Po freilegen und – Aua – das tat aber auch weh. Jetzt holte er eine kleine Zange und stülpte silberfarbene Klammern über die Zangenspitze. Mit dieser Vorrichtung näherte er sich dem Kinn und petzte viermal eine Klammer ins Kinn. Jetzt noch ein Pflaster drauf, das Kinn war versorgt. Noch etwas. Aua, Jod auf Knie und Hände und heim ging es.

Es gab auch eine steile Wiese, schön zum Runterrollen. Sie legten sich lang hin, die Arme schön am Körper angelegt, um ja schneller als die anderen Kinder zu sein, denn wer zuerst an den Büschen unten war, der hatte gewonnen. Unterhalb der schönen Hangwiese war ein alter Steinbruch. Unterhalb des Steinbruchs hatten die Leute, die da wohnten, einen Garten und direkt unter der Steilwand einen Komposthaufen. Sie spielten wieder Schnellrollen, die Jungs und Mädchen aus der Nachbarschaft, Ralf rollte auch mit und er war schnell, zu schnell.

Die Büsche konnten den Körper nicht mehr aufhalten, über die Büsche hinweg wurde der Körper in die Tiefe geschleudert, tief, sehr tief und er landete durch seinen Schutzengel auf dem Komposthaufen. Dummerweise lag darauf ein alter Topfdeckel mit dem Griff nach oben, und der Kopf des Jungen traf genau auf diesen Griff. Nun lag er da, benommen, und das Blut lief von der Schläfe die Wange hinab, um sich in der Höhle zwischen Hals und Schulter zu sammeln. Wie aus einer anderen Welt hörte er die Rufe seiner Freunde oder riefen Engel? Die Leute, die im Steinbruch wohnten, kamen, um nach Ralf zu sehen. Inzwischen waren auch die Freunde da. Der muss sofort zum Doktor, riefen sie durcheinander, und einer muss seine Mutter holen.

Emilie, oh weh, was wird sie sagen? Wieder schimpfen? Er dachte an den Heuwagen und wurde etwas ruhiger, wenn Leute da sind, schimpft sie nicht. Wie soll der Junge jetzt zum Arzt kommen? Es gab keinen Krankenwagen in der Nähe und Autos waren Mangelware. Also Leiterwagen her, die Leute vom Steinbruch hatten einen, Decken rein und Ralf sanft drauflegen, Emilie spielte Pferdchen und zog den Jungen zum Arzt, dem netten Arzt mit der Brille und den gutmütigen Augen. Sie trugen den schlaffen Körper auf die so schön weiß bezogene Liege. Ralf kannte die Prozedur schon, Spritze in den Po, Zange mit Klammer, Klammern diesmal in die Schläfe und eine Binde um den Kopf. Ralf sah aus wie der kleine Muck oder eher wie Mogli.

Eine neue Familie zog in die Nachbarschaft – Amerikaner –, die hatten zwei Kinder, Sarah und Clyde. Die Mutter der beiden war eine Deutsche. Die Kinder sprachen deutsch und amerikanisch. Ralf freundete sich schnell mit den Kindern an. Er durfte sogar sonntags mit in die Stadt. Die hatten so ein großes Auto mit viel Chrom, und man saß ganz weich auf der Sitzbank hinten. Ralf durfte mit ins Kino, die Personen im Film sprachen aber so komisch, so wie Sarah und Clyde, wenn sie mit ihrem Vater sprachen. Er verstand kein Wort, aber die Kinder im Film waren lustig. Es gab Popcorn, so was hatte er vorher noch nie gesehen und schon gar nicht gegessen. Nach dem Kino gingen sie noch in einen Klub, da waren ganz viele Leute, die genauso sprachen wie seine neuen Freunde, amerikanisch, er verstand zwar nichts, aber lustig war es trotzdem.

Nicht weit vom kleinen Häuschen gab es eine Sandgrube, da konnte man schön spielen. Sandburgen bauen, Höhlen graben und viele andere lustige Dinge machen. Um die Grube war eine Absperrung mit runden Stämmen etwa in Brusthöhe über der Erde. Wenn man ganz geschickt und schwindelfrei war, konnte man auf der Absperrung laufen – fast wie ein Seiltänzer. Ralf wollte mit seinem neuen Freund Clyde auch einmal Seiltänzer spielen. Also auf die Stämme steigen, die Arme ausstrecken und langsam einen Fuß vor den anderen Fuß setzen. Einmal runter fallen – macht nix – wieder aufsteigen und weiter balancieren. Er schaut zu Clyde hin, wie der mit dem Stammtanzen klarkommt. Ralf war nicht richtig konzentriert und rutschte ab – ein Bein links von der Stange, ein Bein rechts von der Stange – was machte der kleine Aststummel da am Stamm? Die Stämme waren doch alle glatt – oder doch nicht? Der kleine Aststummel bohrte sich links neben dem Knie in das Fleisch. Ralf drehte sich zur Seite und stürzte, wie von einem Fahrrad fallend, zu Boden. Er saß zitternd am Boden und starrte auf den Riss im

Fleisch – was, kein Blut? Nur eine weiße Öffnung, wo rechts und links im Innern der Wunde kleine durchtrennte Röhrchen zu sehen waren.

Inzwischen kam Clyde angelaufen und sah ebenfalls auf die klaffende Wunde, aus der urplötzlich das Blut schoss – also doch Blut. Clyde lief weinend zur Mutter des verletzten Jungen, um diese zu holen. Ob sie jetzt tobte? Es waren keine Erwachsenen anwesend, und schon fing er an zu weinen, er wusste ja nicht, was auf ihn zukam. Wieder kein Krankenwagen, kein Auto, aber der Bollerwagen. Er kletterte in den Wagen, Handtuch auf die Wunde drücken und zum lieben Doktor fahren. Die Prozedur kannte er ja schon. Auch der Doktor war nicht sonderlich überrascht, den Jungen wieder zu sehen. Die Klammern und Binden waren jetzt am Bein, am Knie, also musste der Knabe mit dem Bollerwagen durchs Dorf nach Hause gezogen werden.

Das rechte Bein war steif, wegen der Klammern und der strammen Binde. Zu Hause angekommen gab's die erwartete Schimpfe und hämische Bemerkungen vom Vater. Also ab ins Bett, weinen, aber am nächsten Tag die anerkennenden Blicke der Schulkameraden entgegennehmen.

Lehrer, Pfarrer und Ausflüge

Die Schule machte ihm immer noch Spaß. Er ging gerne zur Schule. Besonders gerne in die Klassen, in denen es eine Lehrerin gab. Die waren immer nett zu ihm. Eine der Fräuleins hatte eine Freundin, Fräulein Knoke, die war Handarbeitslehrerin. Er durfte an manchen Nachmittagen mit den Klassenkameradinnen zum Handarbeitsunterricht. Ralf war der einzige Junge und Hahn im Korb. Er lernte nähen, häkeln und stricken, Knöpfe annähen, und wenn er nicht mehr weiter wusste, halfen ihm die Mädels. Seine Hautfarbe und sein Aussehen spielten hier keine Rolle, er war ein Kind wie sie.

Es gab auch Lieblingsfächer in der Schule. Rechnen und Sport mochte er nicht so sehr, aber Heimatkunde, das später Erdkunde hieß, Geschichte, Lesen und Rechtschreiben. Auch malen mochte er sehr. Leider schimpfte Emilie, wenn er so viel Farbe verbrauchte. Am Anfang schrieben sie in der Schule auf Schiefertafeln mit Putzlappen und Schwamm, die mit Bändern an der Tafel befestigt waren. Man schrieb mit Griffel. Die reicheren Schüler hatten Fit-Griffel. Ralf hatte einen normalen Griffel, was denn sonst.

Ralf war ein nervöses Kind und ziemlich schreckhaft. So kam es, wie es kommen musste, mit einer unachtsamen Bewegung schob er die Tafel vom Pult und sie zerbrach. Der Heimweg war furchtbar, er überlegte auf dem Weg, wie er es der Mutter erklären soll – schließlich war es schon die zweite Tafel, die ersetzt werden musste. Die erste hatte ihm ein Junge aus der sechsten Klasse kaputt gemacht. Mit der Vorstellung des kommenden Donnerwetters kamen wieder diese Tränen. Aber es tat ihm gut zu weinen, es war irgendwie befreiend. Die kaputte Tafel erklären, aber wie, es blieb beim Versuch, Schimpfe und Schläge. Dann Hausaufgaben machen und nach der Arbeit kommt das Spiel.

Es gab auch Lehrer während seiner Schulzeit und in einigen Jahren auch einen Pfarrer. Der Lehrer der zweiten Klasse, Herr Fischer, war gleichzeitig der Bürgermeister des Dorfs. Der hatte einen Rohrstock aus Bambus, der war elastisch und schmerzhaft, wenn der Stock seine Fingerspitzen traf, erst die rechte Seite zweimal und dann die linke Seite zweimal. Ralf hatte doch nur dem Freund neben ihm sein selbst gemaltes Bild gezeigt, das hatte er am Sonntag, weil es regnete, gemalt. Er hat dann niemandem mehr in der Schule seine zu Hause gemalten Bilder gezeigt, aus Angst vor dem Rohrstock.

Der Lehrer in der fünften und sechsten Klasse hieß Herr Lorenz. Der hatte auch einen Rohrstock, der war dicker und noch schmerzhafter. Der Lehrer kam immer mit so einer schwarzen Mütze, die hatte oben einen kleinen Zapfen, wie eine kleine Antenne, und saß etwas schräg auf dem Kopf, wie er es bei den Soldaten schon gesehen hatte. Der Lehrer sah sehr streng aus, das merkte man an den grauen, kalten Augen und diesen dicken, schwarzen Augenbrauen, außerdem hatte er sehr schmale Lippen, die selten lachten und eine barsche Stimme, kurz und abgehackt, so ähnlich wie bei den Soldaten, die er öfter im Wald beim Manöver beobachtete. Der Lehrer schlug ihn oft, vielleicht auch gerne? Bei diesen Schlägen weinte Ralf nicht, warum auch, der hatte keine Tränen verdient, weil der Junge keine Liebe von ihm wollte.

Die, von denen er Liebe wollte, bekamen auch Tränen zu sehen, vielleicht verstanden sie das irgendwann. Trotz der Schläge und obwohl er auch mal in der Ecke stehen musste, mit dem Gesicht zur Wand, lernte Ralf fleißig und hatte sogar gute Noten bekommen von diesem ungeliebten Lehrer.

Der nächste Lehrer hatte den gleichen Nachnamen wie der Junge, sie waren aber nicht verwandt, auch zwei Mitschüler hatten diesen Nachnamen und keiner war mit dem anderen verwandt, das war schon irgendwie komisch. Dieser Lehrer hatte keinen Stock, aber einen Schlüsselbund oder Kreide oder einen nassen Schwamm und viel Kraft und Geschick zwischen Daumen und Zeigefinger. Er warf gerne und traf oft, der Schlüsselbund tat schon weh, wenn er so den Kopf traf, nur nicht schwätzen. Sonst gab es Wurfgeschosse. Nach dem Wurf musste er das Wurfgeschoss zum Lehrerpult bringen, Gekicher in der Klasse. Der dunkle Teint des Jungen leicht gerötet, er wusste genau, was jetzt kommt, nein, nicht ganz genau, es gab ja zwei Möglichkeiten: die Faust oder Daumen mit Zeigefinger. Beide Möglichkeiten taten weh. Mit der Faust gab es Kopfnüsse, immer mit den Knöcheln der Faust auf den Hinterkopf. Daumen und Zeigefinger nahmen sich den Flaum der Koteletten vor. Die Härchen zwischen Daumen und Zeigefinger klemmen und hochziehen, das tat weh. Trotzdem waren die Noten gut, da vergisst man die Schmerzen.

Der Pfarrer, Herr Zimmer, lehrte die Kinder Religion einmal in der Woche eine Stunde und später einmal nachmittags beim Präparanden, und Konfirmandenunterricht. Die Tochter vom Pfarrer war auch in der Klasse. Komisch, der Pfarrer lehrte seiner Tochter Religion. Der Pfarrer hatte keinen Rohrstock, aber einen Meterstab, vierkantig mit schwarz und roten Unterteilungen, zehn Zentimeter schwarz und zehn Zentimeter rot. Dieser Stab tat auf Rücken und Po auch sehr weh. Liebe deinen Nächsten, sagte der Pfarrer immer. Ralf kannte viele Stellen in der Bibel und dem Katechismus, weil er darin las, wenn Opa nichts mehr zum Lesen hatte. Er war aber zu jung, um alles zu verstehen. Zu Hause erklärten Opa Benedikt oder der nette, ältere Nachbar, was er nicht verstand; die konnten dem Jungen auch Schreiben und Zählen beibringen, und die beiden waren keine Lehrer oder Pfarrer.

Egal, was Ralf den Pfarrer fragte, die Frage war immer falsch und nicht zu erklären, es kam der Meterstab und ab vor die Tür. Ralf hatte immer noch keine Antwort auf seine Fragen. Ob das der liebe Gott so gewollt hat? Zumindest bei der Religionsnote muss Gott geholfen haben.

Dass Ralf von den Lehrern und vom Pfarrer geschlagen oder gepiesackt wurde, durfte er zu Hause nicht erzählen, sonst gab's noch mal Hiebe, weil die Lehrer und der Pfarrer ja Respektspersonen waren, die immer recht hatten, also muss der Junge was ausgefressen haben.

Es wurden auch Klassenausflüge gemacht, schöne und interessante Ausflugsziele. Leider durfte Ralf nicht so oft mitfahren, weil die ja Geld kosteten, manchmal fünf Mark. Der Junge bekam kein Geld von den Eltern. Der soll gefällig daheimbleiben, wir hatten früher auch keine Ausflüge. Manchmal hatte er Glück, da hatten die Klasse oder der Lehrer gesammelt und er durfte mit.

Danke, liebe Klasse. Die Kinder hatten so schöne Rucksäcke mit richtiger Limonade drin und eine schöne Dose mit Wurstbrot und Obst. Oft bekam Ralf davon was ab – wie gut frisches Brot schmeckt. Es wurden auch Fotos gemacht, die kosteten auch Geld. Ralf hatte keine Fotos von den Ausflügen, aber in seiner Fantasie blieben die Bilder für immer, schöne Fantasien.

Schlimme Erlebnisse

Zu Hause gab es eine Hündin, einen Langhaardackel, ein Mischling, wie der Junge, der war auch ein Mischling, das sagten manche Kinder, aber auch Erwachsene zu ihm. Das war kein Schimpfwort, denn der Mischlingshund war schön und anhänglich. Die Hündin liebte den Jungen. Irgendwann wurde sie immer dicker, war sie krank? Ralf sorgte sich um seine Freundin mit den treuen braunen Augen und der weichen Zunge, die ihn über das Gesicht leckte, wenn sie so da lag und träumte. Eines Abends lag sie so komisch in der Ecke der Küche und hechelte.

Die Erwachsenen scheuchten den Jungen aus der Küche, er durfte die Hündin nicht mitnehmen. Später durfte er wieder in die Küche und rannte sofort zu seiner Freundin, deren braunen Augen ihn stolz ansahen und mit der spitzen Schnauze unter ihren Bauch zeigten. Da sah der Junge sie, drei süße kleine Hundebabys, ein weißes und zwei mit der Farbe der Mutter. Ralf freute sich, die Hündin freute sich, nur die Eltern schauten erbost auf den Köter. Köter sagten sie immer zu dem Hund. Es waren Ferien, die kleinen Hündchen konnten schon herumtollen. Ralf spielte gerne mit ihnen und ihrer Mutter. Die Jungen liefen der Mutter immer hinterher und die Mutter lief dem Jungen hinterher, fast wie die Entenfamilie, die unten im Dorfteich wohnte.

So, sagte Emilie, jetzt gehst du mit den Hunden in den Wald, dort wartet der Förster auf dich – nimm die Alte an die Leine, es war ein Strick, und geh schnell. Die Hundemutter und ihre Jungen freuten sich, sie gingen gerne mit dem Jungen spazieren über die Äcker und bis zum Wald.

Der Förster war schon da, er war groß und ein bisschen dick, er war auch der Bäcker im Dorf. Bei dem großen dicken Bäcker ging der Bruder des Jungen in die Bäckerlehre, aber er machte nur ein Jahr, dann lernte er Maurer. Der Jäger hatte einen grauen Mantel an und einen Rucksack aus dem ein Rohr schaute. Er sagte dem Jungen, binde den Hund an den Baum dort. Die Kinder legten sich zu der Mutter und acht runde, braune Augen sahen zum Jungen hoch und höher zum Förster und dann wieder zu Ralf – sie vertrauten dem Jungen. Der Förster zog das Rohr aus dem Rucksack. Am Rohrende war ein Holzschaft – es war ein Gewehr. Gewehre kannte der Junge aus den Wildwestromanen, die er mit dem Opa las. Der Förster klappte das Gewehr auf und steckte so rote, runde Pappdeckelröhrchen mit Messing am Ende in das Loch. Das Gewehr hatte drei Löcher für drei Pappdeckelröhrchen. Jetzt klappte er das Gewehr wieder zu. Der Junge musste sich hinter den Förster stellen. Die Hundeaugen folgten dem Jungen. Der Förster hob das Gewehr und legte es an die Schulter und das Rohr zeigte auf die Hunde. Ralf stand wie versteinert hinter dem Förster. Ahnte der Junge, was jetzt passiert? Er ahnte es. Er drehte sich um und hielt sich die Augen zu.

Drei Schüsse in kurzer Folge, dreimal ein Feuerstrahl aus dem Rohr. Der Junge war fast taub durch diese Geräusche. Er hörte wie aus weiter Ferne den Förster sagen, so, fertig, sag deiner Mutter Bescheid, wenn sie ins Dorf kommt, kann sie die Patronen bezahlen, es waren Schrotpatronen. Der Förster ging weg und ließ den Knaben alleine zurück.

Zaghaft öffnete der Junge die Augen und sah sie liegen. Die Mutter und ihre drei Babys, blutig und die so schönen braunen Augen blickten leer, die Zungen hingen so schräg aus den Schnauzen. Ralf fing an zu weinen, erst lautlos, dann immer lauter, er legte sich ins Moos und fühlte sich so einsam und verlassen. Nach einiger Zeit, immer noch weinend, erhob sich der Junge und begann eine kleine Grube im Waldboden auszuheben, das machten die Cowboys auch, wenn sie einen treuen Kameraden verloren. Er hatte keine Schaufel, also grub er mit den Fingern, die Nägel brachen ab, die Kuppen begannen zu bluten, er merkte das nicht, denn Weinen unterdrückt den Schmerz. Dann legte er die vier leblosen Körper, zuerst die Mutter und dann an ihren Bauch ihre drei Kinder, so wie damals, als Ralf die Kinder zum ersten Mal sah. Dann schön mit Moos und Gras zudecken, damit sie nicht frieren. Ralf suchte Steine zusammen, schöne große Steine und legte sie behutsam auf das Moosbett. Jetzt zwei Stöckchen suchen, ein kurzes und ein längeres und mit langen Grashalmen zusammenbinden. Er steckte das Kreuz zwischen die Steine – auch das kannte er aus den Romanen, die er mit Opa las. Immer noch weinend lief er zu Hans, seinem damals besten Freund, der hatte auch einen Hund, um ihm alles zu erzählen.

Sie gingen wieder mal zur Sandgrube, diesmal mit Hans und Peter. Sie alberten herum bewarfen sich mit Sand und rutschten auf dem Hosenboden die Sandhügel hinunter. Auf der Gegenseite spielten zwei Brüder aus der Gegend. Sie bauten eine Höhle, eine tiefe Höhle. Mit ihren kleinen Schaufeln bauten sie die Höhle immer weiter in den Sandberg. Er war mit seinen Kumpels beschäftigt, als plötzlich so ein komisches Geräusch aus der Richtung der Höhle kam. Es rumorte und eine große Staubwolke kam aus der Höhle.

Aber wo waren die Brüder? Er rannte mit Hans und Peter zu der Stelle, wo vorher eine Höhle war. Die Brüder waren weg, plötzlich verschwunden. Hans und Ralf gruben mit den Händen, während Peter zu den Eltern der Brüder eilte. Die Jungs gruben weinend mit bloßen Händen immer weiter in die Höhle, da ein Fuß, beide zogen sie an dem Fuß, der kleinere der Brüder kam zum Vorschein, voller Sand, Sand im Mund, Sand in den Ohren in den Augen, und völlig verstört starrte er die Freunde an. Da kamen schon die Eltern der Brüder mit Peter angelaufen. Die Mutter weinte laut, der Vater war schweigsam und blass. Es kamen noch mehr Erwachsene mit Schaufeln und gruben sich wie Bagger in den Sandberg. Ein Aufschrei, eine Hand, verkrümmt mit einer kleinen Schaufel, kam zum Vorschein. Bald waren auch der Arm und der Oberkörper freigelegt. Zwei Männer zogen den leblosen Körper aus dem Sandberg. Das Gesicht war blass, die Lippen bläulich, wie das Gesicht von dem Baby bei der bösen Oma, die mit der Laus im Pelz. Jetzt weinten alle Erwachsenen und Ralf weinte mit, wie beim Baby damals. Jetzt war wieder jemand im Himmel, den er kannte.

Der Zirkus und die Amerikaner

Im Dorf hingen bunte Plakate, der Zirkus war in der Stadt. Die Stadt war schön, Ralf war öfter da, auch mit den Eltern von Clyde und mit der Schulklasse. Ralf war noch nie im Zirkus gewesen, aber er kannte so etwas aus Büchern. Das muss toll sein, die vielen Tiere und die Artisten. Tante Marga, die Schwester von Rudolf, wollte mit dem Jungen in den Zirkus. Ralf war außer sich vor Freude. Die Tiere ganz nah sehen, die Artisten und Clowns. Er konnte kaum schlafen, so groß war die Vorfreude.

Natürlich war Emilie nicht sehr erfreut über die Einladung der Tante. Ich bin so alt und habe noch nie einen Zirkus gesehen und lebe immer noch. Wieso soll ausgerechnet der Bengel den Zirkus sehen. Der Junge verstand die Abneigung der Mutter, und wieder schossen die Tränen aus den Augen, dabei wollte er nicht mehr weinen, zumindest vor der Mutter. Die Tante hat sich aber durchgesetzt und Ralf erlebte einen der schönsten Tage seines Lebens.

Gepolter und Getöse, laute Motorengeräusche drangen von der Straße hin bis zum Garten, wo der Junge gerade ein Beet umgraben durfte, nach der Arbeit kommt das Spiel. Die Neugier war größer als die Angst vor der Mutter, also lief Ralf zur Straße um zu schauen, wer den Lärm machte. Eine Kolonne mit Lastwagen, Panzern und Jeeps fuhr da, alle grün, braun gefärbt. So was hatte er noch nie gesehen. Die Nachbarskinder standen auch am Straßenrand und winkten den Männern in den Fahrzeugen zu. An den Fahrzeugen waren Fahnen, die im Wind flatterten; manche hatten rote Fahnen, andere blaue. An die Türen waren mit Kreide Zahlen und Buchstaben geschrieben. Aus den Panzern schauten Männer mit Lederkappen und hielten Mikrofone vor dem Mund, riefen etwas, was Ralf nicht verstand. Bei manchen Lastwagen waren die Planen hoch gerollt, und Männer mit Stahlhelmen und Gewehren zwischen den Beinen saßen auf Bänken und winkten den Kindern zu, oh weh, Gewehre.

Der Junge dachte an den Förster. Aber die Männer mit den Gewehren lachten und winkten, die erschossen keine Hundemütter und deren Kinder. Manche Männer sahen fast aus wie der Junge, hatten schwarze Haare und braune Gesichter. Es waren auch Männer dabei, die hatten schwarze Gesichter, er hatte solche Männer schon auf Bildern gesehen. Auch die lachten den Kindern zu, man sah dabei ihre großen weißen Zähne blitzen. Die Kinder riefen Chewing Gum, Chewing Gum und die Männer warfen den Kindern silberne und grüne kleine Päckchen zu. Ralf bekam auch welche ab. Auch braune Päckchen flogen und kleine Pakete, Kartons mit Süßigkeiten drin.

Die Männer rauchten fast alle, aber keine Zigarren, die rauchten der Vater und der Opa, nein, es waren Zigaretten, sogar mit Filter. Die kannte der Junge von den großen Jungs im Dorf. Die Männer warfen die Zigaretten auf die Straße, manche dampften noch und das Weiße der Zigarette war viel länger, als der braune Filter. Die Karawane war sehr lang und fuhr Richtung Wald. Der Junge kannte den Wald gut.

Als die Straße leer war, sah Ralf, wie die älteren Männer und größeren Jungs auf die Straße liefen und die weggeworfenen Zigaretten aufhoben, den Filter abrissen und den weißen Teil in eine Dose steckten.

Stolz nahm Ralf die Geschenke mit ins Haus. Zuerst wurde das Braune geöffnet, langsam das braune Papier wegziehen, dann kam noch Silberpapier und dann sah er den Inhalt, der roch so gut. Es war Schokolade, richtige, echte Schokolade. Er brach ein Stück ab und schob es in den Mund, wie das schmeckte, nie zuvor hatte er so was Gutes gegessen.

Die silbernen und grünen Päckchen steckte er in die Hosentasche, vielleicht würde Emilie schimpfen und sie ihm wegnehmen. In den großen Paketen waren so grüne Dosen und kleine Papierpäckchen. Auf den Päckchen stand Sugar und Milk, diese Worte hatte der Junge noch nicht gehört oder gelesen. Auf den Dosen stand Beans, auf den anderen Coffee oder Peanutbutter, das Wort Butter kannte er, aber Peanut? Vielleicht wusste es Opa?

Später, als er wieder im Garten war, er musste ja noch das Beet umgraben, öffnete er das weiße Päckchen, da stand Wregleys Chewinggum drauf. Ach, deshalb riefen die Kinder Chewing Gum. In dem Päckchen waren zehn kleine Päckchen, ganz dünn und in Silberpapier eingewickelt. Er wickelte das Silberpapier auf und ein weißes puderiges Plättchen kam zum Vorschein. Erst ablecken, das schmeckt süß und dann in den Mund und kauen, dann schmeckte es nach Pfefferminz. Auf dem grünen Päckchen stand auch Wregleys Chewinggum drauf, aber das schmeckte anders, das war gut, aber der Junge kannte diesen Geschmack nicht, aber es schmeckte gut, fast noch besser als der Pfefferminz, den Opa manchmal in die Wasserflasche legte, damit es nicht so nach Leitungswasser schmeckte.

Dem Opa schenkte der Junge das große Paket. Opa war ja gut zu ihm.

Emilie drückte dem Jungen die Milchkanne in die Hand und die Dose mit der Schnur, los geh in den Wald und hol Heidelbeeren, ich will einen Kuchen backen. Also lief der Junge in den Wald, seinen Wald, er wusste ja von Opa, wo die besten Heidelbeerplätze waren, um die Beeren zu pflücken. Als er im Wald war, hörte er Männer reden, aber die Männer konnte er nicht verstehen, die sprachen so anders. Sehen konnte er sie nicht, der Wald war dicht bewachsen mit Farn, kleinen Büschen und Bäumen, und er war ja klein, kleiner als die Büsche. In einer Lichtung sah Ralf die Karawane, die Tage zuvor über die Dorfstraße Richtung Wald gefahren war. Die Fahrzeuge waren mit grünen und braunen Netzen überzogen, und überall waren kleine und große Zelte aufgestellt, die Zelte waren in der gleichen Farbe wie die Fahrzeuge. Die Männer liefen schwätzend, manche lachend und rauchend zwischen den Zelten und Fahrzeugen hin und her. Manche hatten Helme auf und Rucksäcke auf dem Rücken und das Gewehr in der Hand und liefen geduckt durch das Dickicht wie die Indianer in Opas Romanen.

Ängstlich stand Ralf hinter einem hohen Farn, die Beine zitterten genauso wie die Hand, welche die noch leere Milchkanne hielt – er hatte Angst, schreckliche Angst. Wenn die ihn entdeckten. Was würden sie mit ihm machen? Plötzlich ein Rascheln hinter ihm, erschrocken drehte sich der Junge um, da stand er vor ihm, ein großer schwarzer Mann mit weißen Zähnen, mit großen schwarzen Stiefeln. Stiefel? Sofort denkt er an den Vater, was der mit Stiefeln so mit dem Jungen machen kann.

Der schwarze, große Mann lächelt den Jungen an, jetzt hat Ralf keine Angst mehr. Wer lächelt, schimpft nicht, wer lächelt, schlägt nicht. Das hat der Junge gelernt. Der Mann nahm Ralf bei der Hand und sagte: How are you? Wie bitte? Der Junge verstand nichts. Sachte zog ihn der schwarze Mann Richtung Lager. So viele große Männer. Der Mann musste sehr beliebt sein bei den anderen Männern, auch bei den weißen Männern, da sagte sicher keiner, ‚Mohrenkopf', obwohl er brauner war als der Junge. Alle, die dem seltsamen Paar entgegenkamen, hoben die Hand an den Kopf und sagten laut und abgehackt, Sörr, das Wort kannte der Junge nur aus Prinz Eisenherz, nämlich Sörr Richard. Der Mann ging mit Ralf in das größte Zelt, da waren große Herde drin mit großen Töpfen drauf, und einige Männer mit weißen Anzügen und hohen weißen Mützen liefen hinter den Herden hin und her. Der schwarze Mann rief einen der Männer zu sich und sprach mit ihm.

Was er sagte, verstand der Junge nicht, er konnte ja kein amerikanisch. Der Mann mit dem weißen Anzug kam auf den Jungen zu und fragte ihn in einem komischen Deutsch, du Hunga? Was du wollen essen? Hunger hatte der Junge immer, schüchtern sagte Ralf, ja ein bisschen. Dann holte der Mann ein Brötchen, das war aber weich, mit einer dünnen Frikadelle, einer roten Soße, Gurken und Zwiebeln dazwischen. Hungrig biss der Junge in das dicke Brötchen, die rote Soße quoll aus dem Brötchen, lief den Mundwinkel hinab direkt auf das Hemd, oh weh, die Mutter. Aber es schmeckte gut, sehr gut, so was hatte Ralf noch nie gegessen.

Dann gab es noch Limonade in einem Pappbecher, die war braun und süß und schmeckte sehr gut. Die Männer beobachteten den Jungen schmunzelnd, wie er gierig das Brötchen verschlang. Die waren ja alle nett, er verstand zwar nicht, was sie sagten, aber er hatte keine Angst vor ihnen. Der Mann, der etwas die Sprache des Jungen sprach, fragte, was er im Wald so alleine macht. Ich muss Heidelbeeren pflücken für den Kuchen, sagte Ralf. Was sind Heidelbeeren? fragte der Mann. Der Junge zeigte ihm eine Beere, denn das Lager stand auf dem Heidelbeerplatz von Opa. Ah, Blueberries, sagte der Mann. Die Soldaten hatten kleine ovale Becher mit zwei Klappgriffen, aus denen sie Kaffee tranken, den Geruch kannte der Junge. Der Mann im weißen Anzug sagte etwas zu den Männern, plötzlich schütteten diese ihren Kaffee aus und begannen, Heidelbeeren zu pflücken, die sie in den Bechern sammelten, und wenn sie voll waren, in die Milchkanne leerten. Im Nu war die Kanne voll und die Männer klopften Ralf lächelnd auf die Schulter. Von einigen bekam er Chewing Gum und diese gute Schokolade mit Erdnüssen drin. Satt und glücklich verließ der Junge das Lager, die Männer riefen noch Goodbye hinterher, manche sagten Aufwiddasähn. Freudestrahlend lief er nach Hause, so schön war Beeren pflücken noch nie gewesen.

Eine schöne Bescherung

Kurz vor Weihnachten wurden die Kinder aus dem Dorf, aber nur die Waisenkinder, zur Dorfmitte gebracht. Was Waisenkinder waren, wusste Ralf zu dem Zeitpunkt noch nicht, er meinte, das wäre ein anderes Wort für arme Kinder. Dann kam ein Omnibus, so einen hatte der Junge auch noch nie gesehen, noch nie im Dorf, aber einmal in dem Film, wo er mit Clyde und seinen Eltern war, wo so ein Bus die Schulkinder in die Schule fuhr. Lachend stiegen die Kinder ein, die Eltern durften nicht mit, dem Jungen war das recht. Erwartungsvoll drückten sie sich in die Sitze lachten und plapperten die ganze Fahrt. Ein Ausflug, der kein Geld kostete.

Der Bus fuhr in die Stadt, die Stadt kannte er, er war ja schon mit Tante Marga im Zirkus in der Stadt gewesen. Der Bus fuhr in eine Gegend, wo lauter große Häuser standen, mit bunten Wänden und geschmückten Fenstern. Da waren Bilder von Tannenbäumen und Nikoläusen an den Fenstern, bunte Girlanden und farbige Lichter überall, das sah schön aus. Vor einer großen Halle hielt der Bus. Männer und Frauen waren da in hellbraunen Uniformen und Mützen auf dem Kopf, die aussahen wie kleine Schiffchen, welche die Kinder immer aus Papier gebastelt hatten, um sie dann im Bach schwimmen zulassen.

Die Männer und Frauen führten die Kinder in die Halle – die war groß, sehr groß. Auch in der Halle waren die Fenster geschmückt, wie an den großen Gebäuden. In der Mitte stand ein großer Tannenbaum mit bunten Kugeln, Figuren und viel Lametta, sogar blaues und rotes Lametta, der Junge kannte nur silbernes Lametta. Da waren lange Tische und Bänke, die Tische waren auch geschmückt mit Tannenzweigen und Kerzen und bunten Figuren. Aus den Lautsprechern kamen leise Weihnachtslieder, die Melodie kannte Ralf, aber die sangen in einer Sprache, wie die Männer im Wald sprachen oder in dem Film mit Clyde. Als alle Kinder saßen, es waren viele Kinder, die mit vielen Bussen kamen, erklang eine Glocke.

Es war jetzt mucksmäuschenstill in der Halle, sogar die Musik hatte aufgehört zu spielen. Dann hörte man so helle Glöckchen und dann kam der Nikolaus, ein richtiger Nikolaus. So schön groß, mit einem großen, langen, weißen Bart, einem großen weißen Mantel und einer roten Mütze mit einem weißen Bommel am Ende. Er trug einen großen Sack mit sich und einen Stock, der oben so gebogen war. Alle Kinder waren still, auch Ralf, sie schauten mit großen Augen auf die stattliche Erscheinung. Der Nikolaus sprach zu den Kindern wie der Mann im Wald in dem weißen Anzug, ja, wir waren alle brav. Emilie war ja nicht dabei und konnte nicht was anderes sagen.

Jetzt kam noch ein Nikolaus und noch einer und noch einer, so viele Nikoläuse, es waren ja auch viele Kinder. Die Nikoläuse gingen zwischen den Tischreihen durch und jedes Kind bekam ein Paket, schön eingewickelt in farbigem Papier mit bunten Schleifen drum. Da waren große und kleine Kinder und jedes Kind bekam ein anderes Päckchen. Dann kamen die Männer und Frauen in den braunen Uniformen und die hatten Wagen, auf denen bunte Tüten standen und jedes Kind bekam noch eine Tüte. Vor lauter Ehrfurcht wagte keines der Kinder das Päckchen oder die Tüte zu öffnen.

Als die Geschenke alle verteilt waren, kamen andere Kinder auf eine Bühne. Manche hatten Musikinstrumente dabei. Die Kinder stellten sich im Halbkreis auf, und eine Frau mit einem Stöckchen stellte sich vor die Kinder. Als sie das Stöckchen hob, fingen die Kinder an, mit den Instrumenten zu spielen und die anderen Kinder sangen. Sie sangen so schön. Sie sangen Weihnachtslieder. Ähnlich wie bei Tante Gerda im Kindergarten, nur schöner.

Die Kinder waren fertig mit Singen, dann kam die Musik wieder aus den Lautsprechern. Es kamen Männer und Frauen in weißen Klamotten, wie der Mann im Wald, und weißen Mützen. Sie schoben Wagen vor sich her, da war Essen drauf. Sie fuhren von Kind zu Kind und es gab Schnitzel, ein ganzes Schnitzel. Dazu so lange Kartoffelschnitzel, solche Kartoffeln hatte Ralf auch noch nie gesehen. Schnitzel kannte er von zu Hause, die gab es manchmal sonntags oder wenn Kerwe war oder Geburtstag. Salat war auch auf dem Teller. Zu Hause bekam er nie ein ganzes Schnitzel, das bekamen nur die Großen. Für ihn wurde ein kleines Stück in Würfel geschnitten, damit es nach viel aussah. Dann sagte seine Mutter, siehst du, jetzt hast du auch viel Fleisch. Auf dem Tisch standen Flaschen, da war so rote Soße drin, wie auf der Frikadelle in dem Brötchen vom Wald. Man musste die rote Soße aus der Flasche auf die langen Kartoffeln gießen, dann schmeckten die fein. Es gab Schnitzel und es war kein Sonntag. Nach dem

Essen gab es noch Kuchen, der war sehr bunt und süß, aber gut.

Nach dem Essen durften die Kinder die Pakete aufmachen. Ralf war ganz aufgeregt beim Öffnen der Geschenke. Zuerst die Tüte. Da waren Süßigkeiten drin und ein Apfel und eine Orange, eine richtige Orange und eine Banane. Wow, eine Banane, er konnte sich nicht erinnern, dass er ganz alleine eine Banane oder gar eine Orange bekam. Eher einen Apfel, der wuchs ja im Garten oder bei den Nachbarn. Jetzt das Paket aufmachen, erst sachte die Bänder lösen, die waren schön, und vielleicht kann man die noch mal brauchen, das Papier sachte öffnen, nicht aufreißen, das schöne Papier zusammenlegen und mitnehmen. Jetzt den Karton öffnen. Ein Auto, ein kleines Auto mit Motor, und Türen, die man öffnen kann, ein Auto so ähnlich wie das von Clydes Vater. Der Junge war überglücklich und es war der schönste Tag in seinem Leben.

Zu Hause wurde auch Weihnachten gefeiert. Es gab einen Tannenbaum, der auch schön geschmückt war, sogar mit einem Engel auf der Spitze. Darunter lagen die Geschenke in weißem Papier mit Tannen, und Apfelmuster verpackt. Auch Tüten im gleichen Muster, die oben mit einer Schnur zugezogen waren. In den Tüten war Weihnachtsgebäck und ein Apfel. Im Radio spielten sie Weihnachtslieder, und die Erwachsenen tranken Glühwein.

Die Päckchen wurden dann verteilt. Da nahm die Mutter ein Paket und gab es Ralf mit den Worten, das ist von uns, dann bekam er von Tante Marga ein silbernes Päckchen. Opa Benedikt bekam auch was von den Geschenken. Die Eltern wurden von Marga und Opa auch beschenkt – auch Bruder Rudi bekam etwas. Ralf nahm strahlend seine Präsente entgegen und stellte sie vor sich auf. Nun langsam das erste, das von den Eltern öffnen. Toll, ein Kasten mit Holzbauklötzen. Da konnte man Häuser und Brücken bauen, er strahlte vor Freude. Jetzt das von der Tante ganz langsam öffnen, da war viel drin in dem Paket. Ein schöner rosa Anzug und ein rosa Hemd mit Reißverschluss und ein schwarz, weißes Polizeiauto, das Geräusche machte. Opa hatte nichts für Ralf – angeblich.

Als der Junge mal mit Opa alleine war, gab ihm Benedikt fünf Mark, so viel Geld, gut verstecken, damit sie keiner findet. Opa half ihm in der Kammer ein sicheres Versteck zu finden. Fünf Mark, das war ein Schulausflug. Von Rudi, dem Bruder, bekam er einen Farbkasten und Buntstifte und einen Block, Ralf liebte ihn dafür. Opa bekam selbst gestrickte Socken von den Eltern. Als Emilie ihr Geschenk ausgepackt hatte, zeigte sie keine Freude, sondern bemerkte nur: Ah, ein Schal, naja, weil ich keinen habe. Sie hatte aber viele Schals und Halstücher. Naja, weil ich das nicht habe, sagte sie auch immer zu ihren Geburtstagsgeschenken. Ralf durfte bis nach Weihnachten mit dem Baukasten spielen, dann musste er ihn wieder abgeben, um ihn im nächsten Jahr zu Weihnachten wieder zu bekommen. Einige Weihnachten später bekam er einen Märklin-Baukasten, mit dem man Kräne und Maschinen bauen konnte, auch dieser Kasten wurde nach Weihnachten beschlagnahmt.

Neue Freunde

Aus Kaiserslautern zog eine Mutter mit ihren beiden Söhnen, Franz und Peter, ins Dorf. Die Jungs wurden von den anderen Kindern fast so behandelt wie Ralf. Sie waren anders, sie waren Städter. Auch vom Aussehen passten sie nicht ins Dorfschema. Es kam, wie es kommen musste, die drei wurden Freunde. Die beiden waren Indianerfans, also spielten sie oft Indianer, so richtig mit Pfeil und Bogen. Die Bogen und Pfeile bauten sie aus den Ästen der Haselnussbüsche, die Pfeile bekamen hinten schöne Federn vom Truthahn aus der Nachbarschaft. Aus Hasenfell und Kuhhörnern, vom Dorfmetzger, bauten sie eine Medizinmann-Kopfbedeckung, aus alten Laken wurde mit Farbe ein schöner Lendenschurz.

Da die Jungs alle schwarzhaarig und etwas dunkler im Teint waren, sahen sie aus wie echte Indianer. Es gab aber Jungs im Dorf, die es diesen „Spinnern" zeigen wollten. So traf man sich auf einer Wiese zur Schlacht. Die anderen waren größer und stärker, außerdem warfen sie mit Steinen, das war nicht abgesprochen. Die Indianer verloren den Kampf, und Ralf hatte ein Loch im Kopf. Einer dieser zahllos geworfenen Steine traf ihn, so stark, dass er blutete, und man kann es sich schon denken, dass er wieder zum Arzt musste, dem Netten mit der Brille. Diesmal nahm er nicht die Zange mit der Klammer, sondern eine Nadel mit Faden, wie Emilie, wenn sie einen Knopf annähte.

Die Freunde machten auch mal eine Radtour mit Zelten. Ralf hatte natürlich das schlechteste Rad, ein sehr altes, wo man schwer treten musste, die Räder eierten und das Rad quietschte so laut, dass er keine Klingel brauchte. Franz und Peter hatten schon was Modernes, so mit Felgenbremsen und Dreigangnabenschaltung und viel Chrom. Also fuhren die drei mit Zelt und Proviant bepackt in die Pfalz. Die Brüder hatten dort Verwandte.

Die erste Nacht verbrachten sie auf einem abgeernteten Kornfeld, da lagen noch die Strohballen, schön aufgehäuft wie ein großer Block. Sie zogen einige Ballen aus dem Block und hatten eine schöne Höhle zum Schlafen. Am nächsten Tag ging es weiter, durch Dörfer, die sie vorher noch nie gesehen hatten, und über Feldwege, die Ralfs Fahrrad alles abverlangten. Nach einer großen Bodenwelle stürzte er und hielt das Vorderrad in den Händen, es hatte sich einfach gelöst. Wieder festschrauben und weiterfahren. Ein Unglück kommt selten alleine, Peter bekam einen Plattfuß, also anhalten, den Platten flicken, Ralf freute sich aber über die ungeplante Pause, und weiterfahren. Die Jungs merkten nicht, dass es immer dunkler wurde, man war so fasziniert von der Freiheit, keine Emilie, die schreit, kein Vater, der einen beleidigt, es war wunderbar.

In der Ferne sahen sie eine Baumgruppe, sie fuhren darauf zu, da ging eine Mauer um die Bäume mit einer Öffnung, wie ein großes Tor, durch dieses fuhren die Jungs und kamen auf eine Wiese. Schnell das Zelt aufschlagen, eine Stulle und Tee aus der Flasche und Schlafen gehen. Als sie am Morgen aus dem Zelt robbten, bekamen sie große Augen und Angst. Rechts und links von der Wiese waren Grabsteine und Kreuze, sie hatten auf einem Friedhof übernachtet. Das glaubte ihnen zu Hause niemand.

Zahnschmerzen

Ralf hatte schlechte Zähne und öfter Zahnschmerzen, außerdem waren oben und unten je zwei Eckzähne nicht lang, aber spitz, so ähnlich wie bei seinem Hund oder dem Vampir aus dem Comic-Heft. In die Schule kam ab und zu ein Zahnarzt, der hatte so einen kleinen Spiegel, so groß wie das Fünfmarkstück von Opa, und einen Haken mit einem Griff. Man musste Aah sagen, und mit dem Spiegel schaute der Arzt in den Mund. Danach drückte der Doktor mit dem Haken auf die Zähne. Au, das tat ganz schön weh. Junge, sagte der Arzt, du musst sofort zum Zahnarzt. Emilie schickte den Jungen zum Zahnarzt, der mitten im Dorf seine Praxis hatte.

Ein kleiner Junge allein beim Zahnarzt. Auf den Stühlen im Wartezimmer saßen einige Dorfbewohner, manche sogar mit Kindern. Neugierig blickten sie auf, als Ralf zögernd mit gesenktem Kopf den Raum betrat. Er sagte artig guten Tag, sie murmelten was zurück und vertieften sich wieder in ihre Zeitschriften. Zögernd nahm er Platz auf einem freien Stuhl, schaute sich ängstlich und neugierig um, nahm sich ebenfalls ein Heft und schaute nicht mehr auf, bis eine Stimme ‚Ralf' rief. Erschrocken blickte er auf. Da stand eine dickliche Frau mit einem weißen Mantel vor ihm und fragte: Bist du Ralf? Schüchtern nickte er mit dem Kopf, dann komm mit. Ängstlich folgte Ralf der Frau in ein weißes Zimmer, in deren Mitte ein komischer Stuhl stand, fasst so wie beim Friseur, bei dem er immer diesen Sommerschnitt bekam. Über dem Stuhl hing eine Lampe mit ganz hellem Licht. Dann kam er, der Doktor, er sah anders aus als der Doktor mit der Klammerzange. Der sah streng aus, war sehr groß und hatte eine weiße Hose und ein weißes Hemd an. Setz dich, sagte er und Ralf begaben sich zitternd zu dem unheimlichen Stuhl. Die Frau trat hinter den Stuhl, band dem Jungen ein weißes Papier um den Hals, wie der Sabberlatz, den er schon bei Babys sah, plötzlich kippte der Stuhl nach hinten, und Ralf sah nur noch die große, helle Lampe.

Der Arzt zog einen Hocker zu sich und setzte sich direkt neben den Jungen. Na, da wollen wir mal sehen, was wir da machen können, murmelte er, mehr zu sich selbst als zu Ralf. Die dickliche Frau streichelte beruhigend die zitternden Hände des Jungen. Mund auf, das klang wie bei den Soldaten im Wald das Sörr, also machte der Junge den Mund weit auf. Dann kamen sie, erst der Spiegel, dann der ekelhafte Haken. Er legte den Haken beiseite, das war ja gar nicht so schlimm, dachte der Junge und freute sich schon auf den Heimweg. Die Frau tätschelte aber weiter die Hand, die jetzt nass war, während der Doktor eine Spritze nahm.

Wieso Spritze? Er hat doch nicht geklammert oder genäht. Wieder dieser Befehl. Mund auf. Also machte Ralf seinen Mund weit auf und der Doktor sprühte mit einer kleinen Flasche in den Gaumen des Jungen, das war kalt und die ekelhaft schmeckende Flüssigkeit lief in den Hals, das war so ekelhaft, dass Ralf würgen musste. Jetzt kam die Spritze. Nein, nicht in den Po, sondern in den Gaumen. Jetzt kamen doch die ersten Tränen, die langsam die Wangen runter liefen. Wieder lief was Ekelhaftes den

Hals runter. So, jetzt machen wir eine kleine Pause, hörte Ralf den Arzt sagen. Jetzt konnte der Junge erst mal durchatmen. Aber die Marter war noch lange nicht vorbei.

Nach einiger Zeit, die Pause war vorbei, kam schon wieder der Haken. Der Arzt stocherte wieder an den Zähnen rum. Tut das noch weh? fragte er den Jungen. Ich glaube nicht, stammelte Ralf. Dann kam die Zange, eine Zange ohne Klammern drauf, nein diese Zange war größer, fast zu groß für den kleinen Mund. Die Zange umklammerte den ersten Eckzahn, ein Knirschen, ein kurzer dumpfer Schmerz, und ein Zahn hing in der Zange. Wieder lief was den Hals runter. Noch dreimal das Gleiche. Nun nahm der Doktor so was wie Watte und drückte sie in die Löcher, wo vorher noch Zähne waren. Der Mund fühlte sich an, als wenn er gar nicht zu Ralf gehörte, so taub. Die Frau reichte dem Jungen ein Glas Wasser. So jetzt im Mund das Wasser hin und her bewegen, wie beim Zähneputzen, und ausspucken. Mit einem Wattebausch putzte die jetzt nette Frau den blutigen Mundwinkel ab. Lätzchen ab und nix wie weg.

Nein, es ging noch weiter. Es kam ein Bohrer in den Mund, der war so laut, wie die Bremsen an manchen Autos quietschten. Der Bohrer sah aus wie der Drillbohrer, den man für Laubsägearbeiten braucht. Der Doktor bohrte in den Zähnen und wieder spülen. Der Junge wusste nicht mehr, wie oft er spülte. Dann rührte der Arzt Gips in einem kleinen Becher an, den er in die Zähne des Jungen drückte. Inzwischen waren nicht nur die Hände nass. So, jetzt kannst du gehen. Wirklich? dachte

Ralf noch bei sich, schälte sich aber schnell aus dem komischen Sessel und nix wie weg. Halt. Wieder dieser Befehlston. Nimm das noch mit, sagte der Arzt und gab ihm eine kleine Packung mit Tabletten. Wenn die Schmerzen kommen, nimm eine mit Wasser. Endlich konnte Ralf den Heimweg antreten. Nie wieder Zahnarzt.

Schön ist es im Winter

Schlittenfahren ist schön, schöner als Beeren pflücken oder Beete graben, fast so schön, wie bei Opa Benedikt lesen. Das Dorf lag in einem Tal und hatte ringsum Straßen oder Wege, die steil bergab gingen, ideal zum Rodeln. Es gab ja wenige Autos zu der Zeit, und man konnte dann auch auf der Hauptstraße rodeln. Die Kinder durften nur auf die Hauptstraße, die vom Pfälzer Wald zur Dorfmitte führte, wenn große Kinder oder Erwachsene dabei waren. Sonst fuhren die Kleinen auf den steilen Feld und Waldwegen. Schnee gab es jeden Winter im Dorf, manchmal sehr viel Schnee. Da wurden auch Schneemänner und Schneefrauen gebaut. Fast vor jedem Haus stand so ein Schneemann. Ja das Rodeln...an manchen Abenden, wenn die Großen von der Arbeit kamen und gegessen hatten, wurde noch auf der Hauptstraße gerodelt. Die Straße war ja hell, wegen der Straßenlaternen, das sah sogar schön aus, wenn die Schneeflocken im Licht der Laternen tanzend und schwebend zu Boden fielen. Da waren manchmal zehn, zwölf Schlitten am Start. Der Start war oben, wo Hans wohnte.

Die Großen lagen bäuchlings auf dem Schlitten und mit den Füßen waren sie am nächsten Schlitten eingehakt. Die Jüngeren saßen auf den Rücken der Großen, die Füße fest auf die Kufen gestemmt. Dann ging's los. Mit den Händen stießen sich die Großen am Boden an, bis Fahrt aufkam – schneller, immer schneller ging es die Straße runter, Richtung Dorfmitte. Das war toll, der Fahrtwind blies ins Gesicht, die Flocken auf den Lippen – herrlich. Bei kleinen Kurven schleuderten die hinteren Schlitten wie eine Fahne hin und her. Kurz vor der Kreuzung in der Dorfmitte war eine Eisenbahnbrücke, darunter lag kein Schnee. Der Schlittenwurm hatte genug Tempo, um durch dieses schneelose Straßenstück zu fahren, bremste dennoch ab, um kurz vor der Kreuzung zum Stehen zu kommen.

Jetzt wieder zu Fuß die ganze Strecke zurück zum Neustart. Unterwegs gab es Schneeballschlachten oder sie machten Engel im Schnee. Sie legten sich mit dem Rücken in den tiefen Schnee und mit den ausgestreckten Armen machten sie das Flügelmuster. Manche Jungs pinkelten ihren Namen in den Schnee, aber nur, wenn keine Mädchen in der Nähe waren.

Gegenüber von Ralfs Häuschen ging ein steiler Weg hinunter zum Badeweiher, vorbei an dem Steinbruch mit dem Komposthaufen. Am Ende des Wegs war eine Treppe, dann kam eine Straße, dann ein Zaun, die Wiese und der zugefrorene Weiher, wo die Jungs auch mal Eishockey spielten oder Schlittschuh liefen.

Ralf und seine Kumpels wollten auf diesem Weg Schlitten fahren. Aber nicht bäuchlings, sondern nur drauf sitzen, die Füße nach vorne, wegen des Lenkens und Bremsens. Oben aufstellen, mit den Füßen abstoßen und los ging's, es ging sehr schnell den Berg hinunter über die Treppe wie eine Sprungschanze.

Ein Aufschlag, die Mütze flog vom Kopf, die Zähne schlugen zusammen, dann unsanft mit dem Po auf dem Schlitten landen, vergessen zu bremsen. Durch den Lattenzaun über die Wiese auf das Eis vom Weiher schlittern, um unsanft am Ufer abgebremst zu werden. Zum Glück für Ralf fuhr Hans als erster, und der bekam ein blaues Auge von den Zaunlatten, die sich gegen diese Art von Behandlung zu wehren wussten. Es war trotzdem eine ihrer schönsten Schlittenfahrten.

Am Ortsrand führte eine steile, befestigte Straße vom Wald zu den Häusern, die da vereinzelt standen. Es war ein sonniger Wintertag. Ralf durfte mit dem großen Bruder dort Schlitten fahren. Rudi lag mit dem Bauch auf dem Schlitten und Ralf wie ein Cowboy auf seinem Rücken. Hei, das ging ab.

Unten stand am Gartenzaun eines der Häuser ein Mädchen. Die schien an Rudi Gefallen zu haben, denn immer, wenn sie unten ankamen, lächelte sie ihn an. Vielleicht wollte er ihr zeigen, wie tollkühn er den Schlitten beherrschte, auf jeden Fall war die letzte Fahrt ein echter Höllenritt. Rechts und links hatte der Weg eine Böschung, die gut zwei Meter hoch war. Rudi steuerte den Schlitten, der immer schneller wurde, mit Ralf auf dem Rücken immer die Böschung hoch und wieder runter, mal rechts, mal links. Irgendwer musste in der Böschung einen Stein unter dem Schnee versteckt haben, vielleicht war es auch ein Grenzstein, der schon immer dort war, jedenfalls stieg der Schlitten plötzlich wie ein Mustang hoch, Ralf flog kopfüber in den Schnee und Rudi schleuderte samt Schlitten, den er nicht losließ, gegen einen Baum, sein Kopf verfehlte zum Glück den Baum, aber sein Bein nicht. Er lag jetzt auch im Schnee, wie der kleine Bruder. Sein Bein lag seltsam abgewinkelt neben ihm, fast wie Spagat aber einseitig. Es war gebrochen.

Das Mädchen kam zu ihm gelaufen auch die anderen Leute, die da rumstanden und beugten sich besorgt über Rudi, der mit schmerzverzerrtem Gesicht hochschaute. „Wo ist Ralf", fragte er besorgt, ja er sorgte sich um seinen kleinen Bruder. Doch dem ging's gut, er hatte nur Schnee in Mund und Ohren. Weinend lief der Kleine zum Bruder, nicht weil er Schmerzen oder Angst vor Emilies Schlägen hatte, sondern weil der Bruder so komisch da lag. Mit vereinten Kräften wurde Rudi auf den Schlitten gepackt und zum Doktor gezogen. Der Doktor rief einen Krankenwagen, der Rudi in die Stadt ins Krankenhaus fuhr. Einige Tage später kam er wieder mit einem steifen Bein, wegen des Gipses, der vom Fuß bis zur Leiste reichte. Da er nicht richtig laufen konnte, versorgte ihn Ralf mit Lesestoff, Zigaretten und brachte ihm sogar das Essen ans Bett. Er liebte seinen großen Bruder sehr.

Noch ein Missgeschick

Durch das Dorf ging auch die Eisenbahn, sogar zweigleisig. Neben dem Bahndamm lief ein kleiner Bach, der öfter ausgetrocknet war, am Boden aber war schwarzer, stinkender Schlick. Die Jungs hüpften als Mutprobe, oder um den Mädchen zu imponieren, über den Bach. Auch an diesem Frühlingstag, es war noch nicht so warm, aber man konnte schon draußen spielen. Auch Ralf, der nicht sehr sportlich war, versuchte mit den Freunden zu springen.

Hans nahm Anlauf, drüber, geschafft, auch Peter und einige andere hüpften johlend darüber. Jetzt sollte Ralf springen. Anlauf und fast drüber, abrutschen und der Länge nach in die Stinkbrühe landen. In diesem Moment hatte er die Lacher auf seiner Seite. Nass, stinkend und frierend, es war ja erst Frühling, versuchte sich Ralf aus dem Bach zu befreien, leider vergebens. Erst als Hans einen Stock hinab reichte, an dem sich Ralf festhalten konnte, entließ der Bach den Jungen aus seinen Fängen. Langsam und schlotternd machte sich Ralf auf den Heimweg.

Als ihn Emilie so sah, wurde sie rot im Gesicht wie die Lampions, die immer aufgehängt wurden, wenn am Weiher Strandfest war. Dann kam die Hand ins Gesicht, auf den Kopf, was sie gerade traf, jetzt hatte sie auch schwarze übel riechende Hände, geschieht ihr ganz recht. Du Bankert, du elender, schrie sie dabei. Die guten Hosen und schau dir mal die Schuhe an. Ralf musste mal wieder weinen, dann gab's noch mehr Hiebe und die Worte: So, jetzt kannst du weinen. Auf dem Boden sitzen und warten. Sie die Wanne in die Küche holen, es war eine Zinkwanne, die im Hof an der Wand hing,

Warmwasser aus dem Schiffchen vom Herd in die Wanne schütten und Kaltwasser dazu. Jetzt riss sie regelrecht dem Jungen die Kleider vom Leib und schob den Jungen in die Wanne. Brrr, das war gar nicht so warm. Aus der Wanne ziehen, abtrocknen und ab ins Bett. Heute gab es kein Nachtessen für Ralf.

Rudi, Marga und Halloween

Ralf und Rudi schliefen zusammen in einem Zimmer, ein kleines Zimmer. Da passten gerade mal zwei Betten rein, mit weißen Eisenrahmen und zwischen den Betten ein Nachttisch, der gehörte Rudi, er war ja der Ältere. Unter dem Bett stand ein emaillierter Nachttopf, damit sie nachts nicht in das Holzhäuschen mit dem Herz in der Tür mussten.

Manchmal hörte Ralf wie Rudi in seinem Bett zitterte, ob er weinte oder war ihm kalt? Da sie direkt unter dem Dach schliefen, war es fast bis zum Sommer kalt. Erst später, während der Pubertät, wusste Ralf warum Rudi zitterte.

Als Ralf zehn Jahre alt war zog sein Bruder von zu Hause weg nach Pforzheim. Dort hatte er eine Arbeit als Maurer angenommen. Jetzt hatte Ralf nur noch Opa Benedikt als Ansprechperson im Haus, denn Tante Marga zog in die Stadt mit einem Amerikaner zusammen. Der Pole, der vorher ihr Freund war, war schon länger nicht mehr gekommen.

Der Amerikaner hieß Herbert, war etwas mollig, aber immer lustig. Wenn Emilie mit ihrem Mann alleine war und glaubte, es höre niemand zu, hörte der Junge, wie sie statt Marga immer ‚AmiHure' sagte. Das Wort hatte Ralf auch noch nie gehört, da muss er mal Opa fragen, der weiß bestimmt, was das bedeutet.

Herbert und Marga nahmen Ralf öfter mal mit, das waren immer schöne Tage für den Jungen. Einmal, im Oktober nahmen sie den Jungen mit zu Freunden von den Beiden. Die waren auch Amerikaner und hießen Mam und Pap, so sagten alle zu ihnen Mam und Pap. Mam war eine hübsche Frau, in die sich Ralf sofort verliebte, weil sie fast so aussah wie Tante Gerda, die vom Kindergarten.

Mam und Pap hatten ein Haus in einer Siedlung in der Stadt, da wohnten nur Amerikaner mit ihren Kindern. Ralf verstand sie zwar nicht, dennoch kam er gut mit ihnen zurecht. Vor den Türen standen große Kürbisse mit Gesichtern, die leuchteten, weil darin Kerzen brannten. Marga sagte am Abend zu Ralf, hier wird Halloween gefeiert, lauf immer nur den Kindern nach und halte die Tüte hin, dann bekommst du was Süßes. Mam stülpte Ralf eine braune Tüte über den Kopf, die Tüte hatte an den Augen zwei Löcher, damit er sehen konnte.

Die Frauen öffneten die Tür und schoben den zögernden Ralf sanft auf den Bürgersteig. Da sah der Junge viele andere Kinder, die alle maskiert waren, als Hexen, Cowboys, Indianer oder Prinzessinnen. Marga sagte zu einem Kind etwas, was Ralf nicht verstand. Der angesprochene Cowboy nahm Ralf an der Hand und sagte ‚come on' und Ralf lief mit. Er blieb aber immer hinter den Kindern, um zu sehen was die jetzt machen. Sie klingelten an den Türen, dann kam ein Erwachsener heraus, die Kinder sagten einen Spruch, den Ralf nicht verstand, sie sprachen ja alle amerikanisch, öffneten ihre Tüten und Beutel, und die Großen warfen Bonbons oder Schokolade hinein, auch Ralfs Tüte wurde mit Süßigkeiten gefüllt, ohne dass er einen Spruch sagen musste. Wenn alle Kinder Ihre Belohnung hatten, sagten sie noch etwas und zogen weiter zum nächsten Haus. So langsam bekam Ralf Gefallen an dieser Prozession.

Als nach fast zwei Stunden alle Häuser der Siedlung besucht waren, führte der Cowboy Ralf wieder zurück zum Haus von Mam und Pap. Die Tüte war richtig voll mit Süßigkeiten und seine Augen leuchteten vor Aufregung. Ein schöner Tag ging zu Ende und er freute sich schon auf den nächsten Besuch bei Mam und Pap – bei Marga und Herbert natürlich auch.

Ralf las ziemlich gerne und viel, auch im Bett. Wenn das Licht nicht gleich nach dem zu Bettgehen gelöscht war, kam schon der Schrei von der Mutter, die sah das Licht durch den Türspalt. Licht aus. – aber sofort. Aber die Lektüre war doch so spannend. Auf dem Nachttisch, der jetzt Ralf alleine gehörte, stand eine Kerze, also Licht aus, Kerze an und weiter lesen. Komisch, da blieb der Schrei von Emilie aus.

Opa Benedikt ging es nicht besser, auch er musste bei Kerzenlicht lesen – oder den einen Schluck nehmen. Wenn es so richtig kalt war und Eisblumen die Fensterscheiben schmückten, las der Junge unter der Bettdecke. Einmal war das Laken mit Wachs versaut, da gab's mächtig Ärger mit Emilie. Ohrfeige, weinen und Kerze weg, wie sollte er jetzt lesen, so ohne Licht. Zum Glück gab es Tante Marga, die schenkte ihm eine Taschenlampe, die hatte sogar drei Lichterfarben, weiß, rot und grün, mit der konnte er wieder lesen. Licht aus war jetzt egal.

Ostern im Schnee

Einmal fuhr Ralf mit seinen Eltern nach Hadamar, das war im Westerwald, ganz schön weit von zu Hause. Sie fuhren mit dem Zug, denn Rudolf hatte kein Auto, noch nicht einmal einen Führerschein. Es war Ostern, und die Schwester von Emilie hatte sie eingeladen. Die hatten auch zwei Kinder, Renate und Heinz, die waren aber älter als Ralf.

Während der Zugfahrt passierte es dann, Ralf öffnete das Fenster und schaute hinaus, vergaß aber die Kappe abzunehmen, so eine dunkelblaue mit Ohrenklappen und Schirm, der Wind riss ihm die Mütze vom Kopf, sie flog noch ein paar Meter und trudelte dann zu Boden. Rudolfs Faust riss den Kleinen vom Fenster weg und funkelte nur mit seinen Augen, das reichte, dass bei Ralf wieder mal die Tränen flossen, die Hand von Emilie tat ihr übriges. So kamen sie in Hadamar an, Ralf mit roten Augen, die Eltern mit ihren Koffern beschäftigt und den Kleinen keines Blickes würdigend. Mit dem Bus fuhren sie zur Tante, da war eine Haltestelle ganz in der Nähe ihres Hauses. Die Schwestern fielen sich in die Arme, auch Renate und Heinz wurden von Emilie fast an ihrem großen Busen erdrückt. So hat sie Ralf noch nie gedrückt. Die Männer gaben sich nur die Hand. Auch Ralf wurde nur die Hand gedrückt.

Am Ostersonntag sollten die Kinder im Garten den Osterhasen suchen. Als sie am Morgen aufwachten, war alles weiß draußen – über Nacht hatte es fest geschneit. Sie suchten den Osterhasen im Haus, das war auch ganz lustig. Das Haus war so sauber, schöne Möbel standen überall, sogar ein Bad und eine Toilette mit Wasserspülung, ganz anders als das Häuschen im Pfälzer Wald. Am Ostermontag fuhren sie wieder zurück in die Pfalz, wo sich der Junge im Zug immer wieder das Dilemma um die verlorene Mütze anhören musste.

Sitzenbleiben, Sport und Gesang

In der Schule kam Ralf gut mit dem Unterricht zurecht, ohne dass es der Drohungen seiner Erziehungsberechtigten bedurfte. Jahr für Jahr, von der ersten bis zur achten Klasse bekam er den Satz zu hören: Wenn du sitzen bleibst, brauchst du gar nicht nach Hause zu kommen.

Sie drohten ihm, obwohl ihm keiner bei den Hausaufgaben half, beziehungsweise helfen konnte. Später erfuhr Ralf, dass jeder in der Familie mindestens einmal sitzen geblieben war. Das war typisch für diese Familie, kein Geld für Ausflüge, war ein Heft voll oder wurde Tinte oder Füller gebraucht, wurde immer auf die Schule geschimpft, so nach dem Motto: Die Lehrer haben ja genug Geld, die können leicht zu den Kindern sagen, ihr braucht diese Hefte oder diesen Atlas – aber wehe sitzen bleiben.

Rudi wollte seinen kleinen Bruder unbedingt zu einem sportlichen Jungen erziehen. Er selbst war ein guter Handballer und Läufer, aber Ralf? Der hatte bei den jährlichen Bundesjugendspielen noch nie einen Topf gewonnen.

Der große Bruder meldete Ralf bei der Handballjugend an. Da nicht so viele Jungen Handball begeistert waren, nahm der Verein Ralf gerne auf. Ralf hatte ein Handicap. Er musste in komischen Situationen, die manchmal nur er komisch fand, immer lachen, ja das steigerte sich manchmal zu einem regelrechten Lachkrampf.

Beim nächsten Spiel durfte Ralf mitspielen, Hallenhandball gegen einen Jugendverein in der

Stadt. Sie spielten in einer Schulturnhalle – Ralf mehr schlecht als recht. Irgendwann bekam er unerwartet den Ball und stand völlig frei vor dem gegnerischen Torwart, das musste ein Tor geben. Los wirf schon, rief der Trainer vom Spielfeldrand dem Jungen zu. Doch als Ralf den kauernden Torwart vor sich sah, wie der gespannt zunächst auf die Wurfhand und dann wieder zum Gesicht von Ralf schaute, war so eine komische Situation, also bekam Ralf seinen Lachkrampf. Bedingt durch den Lacher, war er natürlich nicht in der Lage, den Ball zu werfen. Die Spieler der Gastmannschaft konnten ihm leicht den einwurfbereiten Ball abnehmen. Das war's mit Handball.

Also ging's zum Fußball, Fußball ist ja wesentlich leichter, jeder kann Fußball spielen, aber Ralf? Der Verein hatte auch eine Jugendfußballmannschaft, bei der Ralf mit trainierte. Natürlich gab es beim Fußball mehr Kinder, die spielen wollten. Ralf war so „gut", dass er bei jedem Spiel auf der Ersatzbank sitzen durfte. Nur einmal, da fehlten einige Jungs, weil sie mit den Eltern in die Osterferien durften. Das war die Chance für Ralf. Er durfte beim nächsten Spiel mit der Mannschaft auflaufen. Das Spiel lief ganz gut, Ralf bekam auch das eine oder andere Mal den Ball. Dann kam die Situation, die Ralf nicht ahnen konnte, er bekam den Ball im Strafraum der Gegner, stand frei vor dem Torwart und da kam er wieder, dieser Lachkrampf, die bösen Blicke vom Trainer und von den Mitspielern. Ralf hat nie mehr Fußball gespielt. Aber er wollte unbedingt in einen Verein, wegen der Geselligkeit und Kameradschaft, fast alle Freunde waren ja in einem Verein.

Vielleicht war der Gesangsverein das Richtige? Einige Mitschüler waren auch im Gesangsverein. Also ging Ralf zur nächsten Chorprobe und wollte mitsingen. Singen ist leichter als Hand oder Fußball, dachte Ralf, und im Gesangverein gab es keinen Torwart.

Es kam, wie es kommen musste. Bei einem Dorffest hatte der Chor einen Auftritt, mit Ralf. Er stand ziemlich hinten, weil der Chorleiter meinte, Ralf müsste noch üben, und wäre hinten am besten aufgehoben. Da er nicht voll mitsingen konnte oder durfte, schaute er während der Vorstellung so rum. Wie sangen die links? Wie sangen die rechts? Er sah die Gesichter der älteren Sängerinnen, wie die den Mund aufrissen, einige auch die Augen, und wie sie immer das ‚T' so betonten.

Bei manchen sah es aus, als würden sie gähnen, dann die hohen Stimmen... Das war zu viel für Ralf, und er kam unerwartet, der Lachanfall, erst nur im Mund, die Backen wurden dabei immer dicker, der Junge neben Ralf gab ihm einen Hieb in die Seite, dann brach er aus der Lachkrampf, die Gesangskarriere war beendet.

Also was tun, kein Sport, kein Gesang, blieben nur die Pfadfinder. Da gab es auch Kameradschaft und Abenteuer. Die hatten sogar blaue Hemden mit einem gelben Halstuch, fast so wie die Soldaten in den Wildwestromanen in Opas Büchern. Ralf gefiel es bei den Pfadfindern. Sie machten schöne Ausflüge mal mit dem Fahrrad oder mit dem Handwagen in den nahen Wald. Es wurde gezeltet oder in Jugendherbergen übernachtet. Jede Jugendgruppe hatte einen Gruppenleiter, der hatte eine Gitarre dabei, dann wurden am Lagerfeuer Lieder gesungen, sogar Ralf sang mit, weil keiner der Kinder so ernsthaft mitsang, wie die Alten im Chor, kam auch kein Lachkrampf. Es wurde sogar gekocht, so richtig mit einem großen Topf über dem Lagerfeuer. Meist gab es Eintopf oder Gulasch, das schmeckte sogar ohne Kehrbesen neben dem Teller. Ralf blieb bei den Pfadfindern bis er in die Lehre kam, da gab es andere Prioritäten.

Erlebnisse mit Rudi, dem Nachbarsjungen

Gegenüber von dem kleinen Häuschen wohnte eine Familie, die hatte viele Kinder, bestimmt waren es so um die acht. Der älteste von ihnen hieß Rudi und war mit Ralfs Bruder Rudi befreundet, aber jünger als dieser. Rudi war im Dorf etwas verrufen, weil er immer was anstellte und keiner Schlägerei aus dem Weg ging. Manchmal provozierte er sogar eine Schlägerei.

Einmal, es war Kirchweih im Dorf, saßen die Jungs an Biertischen, auch Rudi, Ralfs Bruder, und der andere Rudi saßen dabei. Die beiden verdienten schon Geld und zahlten den Jungen das Sinalco und eine Portion Leberknödel. Es saßen auch Jugendliche aus dem Nachbarort in der Nähe, das roch nach Zoff. Ralfs Bruder sagte noch zu Rudi, benimm dich, wir haben die Kleinen dabei. Doch Rudi, er hatte immer geölte schwarze, gelockte Haare und ein Grinsen im Gesicht, stichelte immer weiter in Richtung der anderen Jungs. Dann steckte er einen Leberknödel auf die Gabel, zog die Gabel nach hinten und ließ plötzlich los, der Knödel flog wie ein Schneeball einem der Jungs vom Nachbarort ins Genick.

Der Krieg war angezettelt, dabei waren die anderen mehr und unsere Großen nur zu zweit. Ralfs Bruder war groß und stark, Rudi war zwar kleiner, aber wieselflink. Die beiden standen auf und gingen auf die Gruppe zu, um den Streit von den Jungen fernzuhalten. Was sollte man sagen, die beiden schlugen die fremde Gruppe in die Flucht und kamen zum Tisch zurück, um in Ruhe weiter zu essen. Ralfs Bruder war ein Held und wenn Ralf bei ihm war, sagte keiner Neger oder Mohrenkopf zu dem Jungen.

Rudis Eltern hatten ein Schwein geschlachtet, viele im Dorf hatten ein Hausschwein, die Schweine bekamen immer die Essensreste. Das Schwein wurde zu Wurst, Kotelett, Schnitzel und Braten verarbeitet. Die Wurst wurde in Dosen oder in den Darm gefüllt. Der Magen wurde auch befüllt und wurde so zu einer großen Wurst. Die Leute aus der Nachbarschaft holten mit Kannen Wurstsuppe und Wellfleisch ab. Immer wenn einer in der Nachbarschaft schlachtete, gab es für die anderen Suppe und Wellfleisch – das war Tradition.

Rudi hatte Urlaub und sagte zu seinem Bruder Manfred und zu Ralf, los wir gehen auf die Wiese zum Fleischessen. Essen ist immer gut, denn Ralf hatte immer Hunger. Rudi hatte am Tag zuvor einen Brocken Fleisch geklaut und im Wald versteckt. Als die drei dann auf der Wiese waren, holte Rudi im nahen Wäldchen das Fleisch, das er in einer Astgabel versteckt hatte. Sie holten trockene Äste, dürres Gras und machten ein Feuer. Rudi hatte einen Dolch, mit dem er aus einem Holunderbusch einige Äste abschnitt. Zwei Äste hatten kleine Gabeln am Ende, der dritte war gerade. In den geraden schnitzte er zwei Spitzen und spießte das Fleisch auf. Die Äste mit den Gabeln bohrte er neben dem Feuer rechts und links in den Boden. In die Gabeln legte er den Spieß mit dem Fleischbrocken. Sie saßen um das Feuer, das Fleisch brutzelte, das Fett tropfte in die Flammen, die sich zischelnd wehrten. Es roch sehr gut und Ralf lief das Wasser im Mund zusammen.

Der Rauch oder Fleischgeruch musste Hans und Peter angelockt haben, denn plötzlich kamen sie aus dem Wäldchen auf das Feuer zugelaufen. Es ging auf den Herbst zu, das Gras war schon ziemlich dürr und das Feuer hielt die Herbstkühle zurück. Das Fleisch musste abwechselnd von den Kindern über dem Feuer gedreht werden, damit es nicht verbrannte. Als es durchgebraten war, aßen sie das Fleisch, das von Rudis Dolch geteilt wurde. Da das Fleisch ziemlich heiß war, spießten sie ihre Stücke auf einen Stock und bissen es ringsum ab. Es schmeckte toll, Schweinefleisch und kein Rinderfett, wie daheim.

Das Feuer brannte hoch und die Funken stoben von der Wärme getragen in die Höhe. Urplötzlich kam ein Wind auf, und auf der Wiese entstanden überall kleine Feuer, die immer größer wurden – das war nicht mehr lustig. War doch das Wäldchen in unmittelbarer Nähe.

Was ein Waldbrand bedeutet, wussten alle ganz genau, denn ein Jahr zuvor war ein ganzes Waldstück mit hohen Bäumen abgebrannt, es brannte mehrere Tage. Die Erwachsenen durften nicht zur Arbeit, sondern mussten im Wald löschen und Brandwache halten. Schnell wollten sie die kleineren Stellen mit den Füßen austreten, das schafften die Kinderfüße nicht. Rudi lief aufgeregt hin und her, er hatte seine Jacke ausgezogen und schlug wie wild auf die Flammen, mit Erfolg seine Flammen gingen aus. Nun machten es die Jungs genauso. Jacken aus und drauf auf die Flammen.

Die Kinder und Rudi waren schwarz im Gesicht und schweißgebadet, trotz der herbstlichen

Kühle. Dicke Rauchschwaden wurden vom Wind Richtung Dorf getragen. Bevor es zur Katastrophe kam, konnten die fünf das Feuer löschen.

Das Fleisch hatten sie sich schwer erarbeiten müssen. Jetzt nix wie weg. Hans und Peter durchs Wäldchen und Ralf mit den beiden Brüdern Richtung Dorf und schnell in ihre Häuser.

Ralf lief natürlich prompt Emilie in die Arme. Wie siehst du denn aus? schrie sie ihn an, die Jacke verdreckt. Und warum bist du so schwarz im Gesicht? Und deine Griffel, sie meinte die Finger. Und bäng, eine rechts, eine links ins Gesicht und da kamen sie wieder, diese Tränen. Er sagte natürlich nicht wo er herkam, er konnte doch die Jungs nicht verraten, das tat er nie, trotz der Hiebe.

Vater, Fury und die bittere Wahrheit

Es war mal wieder Freitag, das bedeutete meistens ein betrunkener Vater, eine Mutter, die mit dem Mann schrie, ein Junge, der schon vorher weinte, und je lauter sie schrien, desto erbärmlicher wurde das Weinen. An diesem Abend regnete es wie aus Kübeln, richtige Bäche schossen die Straße hinab, es gab noch keinen Kanal in der Straße. Blitze zuckten vom Himmel, denen nach kurzer Zeit gewaltige Donner folgten.

Der Vater packte den Jungen urplötzlich am Kragen und Hosenboden und öffnete die Tür schubste ihn in den Regen und rief ihm hinterher: Verschwinde du Tunakler, ich will dich Bankert nicht mehr sehen. Weinend, mit dem Schicksal hadernd, setzte der Junge sich auf die Treppe, die zur Straße führte. Es war keiner da, der ihm half. Bruder Rudi war in Pforzheim, Opa Benedikt schlief schon, und die Nachbarn hatten wegen des Wetters die Fenster geschlossen. Durch den Donner und Regen konnte auch keiner sein lautes Weinen hören. Wegrennen konnte der Junge ja nicht. Wo sollte er denn hin? Da schwor er sich, wenn ich groß bin, haue ich ab, ganz weit weg, und komme nie mehr zurück.

Nach einer Weile, dem Jungen, der mittlerweile klatschnass war und am ganzen Körper zitterte, kam es vor wie nach Stunden, bemerkte ihn der Vater. Er kam mit einem Schirm auf den Jungen zu und sagte lallend: Komm rein Junge, du wirst ja ganz nass, ich habe das doch nicht so gemeint. Ralf dachte für sich, aber das mit dem Abhauen habe ich so gemeint. Sie gingen beide zurück ins Haus, Emilie trocknete ihn ab, ohne mit ihm zu schimpfen, es gab kein Schimpfen und keine Schläge. Das kannte der Junge so nicht von ihr. Immer noch weinend ging er ins Bett, irgendwann war der Schlaf stärker.

Der erste Fernseher in der Straße stand bei Kellers, die verkauften auch Bier und Limo über die Straße. Sie hatten zwei Kinder Mariechen und Herrmann, den sie Buusche riefen. Samstagnachmittags durften wir Kinder bei Kellers, Lassie oder Fury sehen. Hans war auch dabei, weil er das Geld für Sinalco hatte. Dass Ralf beim Fernsehen war, durfte Emilie nicht wissen, weil Frau Keller vom Osten kam, die Leute sagten Kartoffelkäfer zu ihr, hinter ihrem Rücken natürlich. Frau Keller sprach auch noch Hochdeutsch. Wer nicht pfälzisch sprach, war im Dorf immer ein Außenseiter, oder auch wenn er aussah wie Ralf. Die Kellers waren immer nett zu Ralf, die hatten keine Vorurteile.

Die Jungs waren zusammen im Wald, um zu spielen, auf Bäume zu klettern und so. Dann der Schrei aus dem Dorf – die Stimme kannte Ralf und außer ihm die ganze Straße. RAAALF.., Hören und Tränen kamen zusammen. Schnell lief der Junge die Straße runter, da wo man im Winter so toll Schlitten fahren konnte. Einige Frauen, von dem Schrei neugierig geworden, saßen an den Fenstern und schauten auf den Jungen. Da sagte eine, oh du Armer, jetzt gibt's wieder was, von dem, das nix kostet, wenn du heimkommst.

Er lief auch am Haus der Kellers vorbei, die alte Frau Keller schaute aus dem Fenster, sie trug immer eine schwarze Kittelschürze und hatte die grauen Haare hinten zu einem Knoten zusammengebunden. Die rief, hallo Ralf, bleib mal stehen, ich muss dir was sagen. Die darf dich gar nicht schlagen, das ist gar nicht deine Mutter und Rudolf ist auch nicht dein Vater. Ich kannte deine Mutter und deinen Vater.

Der Junge vernahm die Worte wie aus weiter Ferne, verstört und noch lauter weinend lief er weiter. Emilie stand unter der Tür, sie füllte die Tür voll aus, da war kein Vorbeikommen. In der rechten Hand hielt sie die Wäschezange, wie Prinz Eisenherz sein Schwert. Die Wäschezange auf den Po, so richtig mit Schmackes, die freie Hand schnappte sich den Hemdkragen und ab in die Küche. Die Küchentür war gleichzeitig die Eingangstür. Noch ein paar Schläge. So, jetzt kannst du weinen, schrie sie. Ralf wusste nicht, warum sie ihn rief, warum sie schlug, er wusste gar nichts. Mit tränenerstickter Stimme rief er: Du bist gar nicht meine Mutter, du darfst mich nicht schlagen. Erst starrte sie ihn entgeistert an, dann brüllte sie, wer sagt so was?

Der Junge sagte nicht, dass er es von Frau Keller, der Schwiegermutter von dem Kartoffelkäfer, wusste. Jetzt noch ein paar Schläge Hand oder Zange, Ralf war es egal. Er spürte nichts mehr. Raus in den Garten rennen, er war schneller als sie, und den Weltschmerz alleine ertragen.

Als der erste Schmerz vorüber war, ging Ralf zurück ins Haus. Dort saßen Vater und Mutter am Küchentisch und baten den Jungen sich zu setzen, ja sie baten.

Zögernd und bereit zu fliehen, setzte er sich zusammengekauert an den Tisch. Dann redeten beide auf ihn ein, sie mehr als er. Wir haben dich doch lieb, wir haben dich aufgenommen, weil dich keiner wollte. Wir machen doch alles, nur damit du es gut bei uns hast. Wärst du lieber im Heim? Da hast du es nicht so gut. Schau, Rudi, dein Bruder hat dich auch lieb. Dass der Ralf liebte, wusste er, aber die Eltern? Aber ihr habt doch den gleichen Nachnamen wie ich, sagte der immer noch verstörte Junge. Ja das ist so, sagte der Stiefvater: der Opa Benedikt, mein Vater, heißt so und der hatte einen Bruder, der auch so hieß, und dieser Bruder ist mein Onkel. Mein Onkel war der Vater deiner Mutter. Und weil deine Mutter nicht verheiratet war, hieß sie auch so. Du warst ihr Sohn, also heißt du auch so. Ach wie kompliziert, dachte Ralf. Aber wenn der es so sagt? Obwohl du nicht unser Kind bist, lieben wir dich doch. Wenn Liebe so aussieht, dann lieber keine Liebe.

Sie sagten nichts Näheres über seine richtige Mutter, seinen richtigen Vater und überhaupt, sie sagten vieles und doch nichts. Ralf begann sich ein eigenes Bild über die Situation zu machen.

Buckel, Wissensdurst und Garderobe

Der Junge hatte einen Rundrücken, hielt den Kopf gesenkt und sah fast immer auf den Boden. Schon tausendmal hatte er gehört: Halt dich gerade, setz dich gerade hin. Da halfen auch keine Wäschezange, die auf den Rücken geschlagen wurde, oder im Unterricht die Lehrer, nie eine Lehrerin, die das Geradesitzen mit dem Rohrstock erzwingen wollten. Er wollte ja gerade sitzen, das tat aber nach einiger Zeit weh, dann fiel er wieder vornüber. Ein hoffnungsloser Fall. Als er älter war, wurde ihm gesagt, hätte man in deiner Kindheit was gemacht, eventuell einen Geradehalter, eine Art Korsett, dann wäre dein Rücken jetzt nicht so gekrümmt – vielleicht hattest du Rachitis, die englische Krankheit.

Ralf war sehr wissbegierig, er wollte so vieles wissen, nicht wie man rechnet oder so, sondern warum etwas geschah, wer hat was erfunden, wo liegen die Länder und Kontinente. Was, wo, warum und wann in der Geschichte passierte, warum gibt es verschiedene Religionen, warum musste seine Mutter so früh sterben, warum wurde der richtige Vater verschleppt und wo war er? So viele Fragen, und wo waren die Antworten?

Einiges wusste er von Opa Benedikt oder Opa Wenzel, auch die Lehrer brachten ihm einiges näher, der Pfarrer versuchte es manchmal. Er wollte aber mehr wissen. Die Lehrer konnte er selten fragen, weil er sonst den Unterricht störte, den Pfarrer wollte er nicht fragen, wegen des Dezimalstabs, die Eltern, Pflegeeltern, wussten gar nichts, und der große

Bruder war auch überfordert. Also mussten Bücher seine Neugier befriedigen. Die Wildwestromane von Opa las er zwar stockend, verstand aber vieles nicht.

Er wollte jetzt immer ein Buch, wenn jemand fragte, was wünschst du dir.

Er las die Märchen von den Grimms, die waren etwas düster, es gab gute und aber mehr böse Menschen oder Tiere – er fühlte sich bei diesen Märchen oft an sein Leben erinnert. Da waren die Geschichten von Christian Andersen schon besser. Bei Hauffs Märchen begann er zu träumen, von fernen Ländern, der Orient hatte es ihm angetan. Am besten gefielen ihm Sindbad oder Aladin. Er las Wilhelm Busch, der war lustig, hatte aber immer eine Moral am Ende der Geschichte. Später war Karl May das beste. Da war alles vertreten, die Cowboy, und Indianergeschichten, aber auch Abenteuer in fernen Ländern wie Kleinasien.

Wo die Länder auf dem Globus waren, wusste Ralf, denn Erdkunde war sein Lieblingsfach, und die Lehrer gaben ihm immer eine eins im Zeugnis. So mit elf oder zwölf begann er, sich mehr für Geschichte und Religion zu interessieren. Geschichte war spannend. Manchmal musste er bei Geschichten überlegen, war das jetzt wahr, eine Sage oder eine Legende. Er las Geschichten über die alten Völker, die waren spannend, sehr spannend. Die Geschichten von Odysseus, die Mythen der alten Germanen, Kelten und Wikinger. Von den Hunnen war er fasziniert, auch Geschichten des alten Ägypten zogen ihn in den Bann. Was die Römer so alles trieben, bis sie von Armin dem Cherusker im Teutoburger Wald besiegt wurden, die Gladiatoren, und wie sie für ihre Freiheit kämpften, das war besser als jeder Western von Opa. Er las über all diese Völker Bücher und lebte darin. Er hatte was gefunden, was nur ihm gehörte.

Er las über Richard Löwenherz, die Kreuzzüge, den Bauernkrieg, den 30jährigen Krieg. Er verschlang die Bücher fast, nachts unter der Decke mit Margas Taschenlampe. Sogar in der Bibel las er. Da waren ja auch Geschichten drin. Er machte sich mit der Lebensweise von Buddha und den Hindus vertraut. Tiergeschichten, Dschungel, der afrikanische Kontinent, das konnte ihn genauso begeistern wie das Leben der Ureinwohner Australiens, der Inkas und Azteken. Nicht zu vergessen die Entdecker, Columbus, Vasco da Gama, Magellan oder Marco Polo. All diese Geschichten halfen ihm zu einer guten zwei im Zeugnis.

Er freute sich immer, wenn in der Schule Erdkunde oder Geschichte dran war, da konnte er es den ‚Strebern' und manchmal den Lehrern so richtig zeigen. Ralf war zwar kein Rechengenie, aber die Welt besteht ja nicht nur aus Rechnen.

Er las auch vieles über Erfinder und Maler. Man musste ja wissen, wer was, wann und warum erfunden hatte, oder wer welches Bild gemalt hat.

Basteln und Malen waren eine andere Lieblingsbeschäftigung. Aus Sperrholz Figuren sägen, die er vorher mit Bleistift auf das Holz zeichnete. Als die Figuren ausgesägt und am Rand mit Sandpapier abgeschliffen waren, wurden sie mit viel Liebe und Geduld mit bunten Farben bemalt. Er sägte Tiere, Bäume sogar ganze Landschaften oder schöne Gebäude aus. Die fertigen Werke verschenkte er an Leute, die er mochte, und an die allerbesten Freunde.

Ralf bastelte auch gerne mit Materialien, die so herumlagen oder die er im Wald fand. Da wurden Männchen aus Tannenzapfen oder Hagebutten gebastelt. Seine Indianerwaffen und Indianerklamotten fertigte er auch selbst. Abgebrannte Streichhölzer sammelte er, um aus ihnen, wenn genug beisammen waren, einen Turm oder eine Brücke zu bauen. Natürlich bastelte er im Herbst seine Flugdrachen selbst, aus Zeitungspapier und Mehlkleister.

Er malte auch Bilder, er war gar nicht mal so schlecht. Die Bilder zeigten meist Häuser mit spielenden Kindern oder Wiesen mit Tieren. Auch die Bilder verschenkte er und bekam sogar Lob dafür, was ihn so anspornte, dass er noch mehr malte. Das Malen war nicht immer leicht für den Jungen, weil Emilie öfter ärgerlich wurde, wegen des Vergeudens der teuren Farbe.

In Sachen Kleidung wurde der Junge nicht allzu sehr verwöhnt. Oft schämte er sich, mit dieser Kluft in die Schule zu gehen. Hohe Schuhe mit Hufnägeln an der Sohle und Eisen am Absatz, damit die Sohlen länger hielten. Gestrickte Strümpfe, die von einem Leibchen gehalten wurden, darüber eine kurze Hose mit Hosenträgern, damit sie nicht rutschen konnte. Ein Hemd, oder wenn es kühler war, ein Pullover, selbst gestrickt und kratzig, rundeten das Outfit ab. Manchmal waren die Strümpfe oben zu kurz und der Speck vom Oberschenkel schaute zwischen Strumpfende und Hose heraus. Einmal schickte ihn die Lehrerin nach Haus, weil es zu kalt wäre für diese Kleidung. Geh heim und zieh lange Hosen an, sagte sie zum Jungen, während die anderen Kinder lachten. Er schämte sich deswegen und lief mit gesenktem Kopf heimwärts. Was würde ihn zu Hause erwarten? Emilie stand mit den Händen in der Hüfte an der Tür und schaute den

Jungen mit zusammengekniffenen Augen an. Oh weh – dieser Blick – seine Augen wurden nass, ohne dass sie ein Wort gesagt hatte. Als er mit zuckenden Lippen erklärte, warum er so früh von der Schule kam, meinte sie lakonisch, wenn die mit deiner Kleidung nicht einverstanden ist, soll sie dir neue kaufen. Widerwillig reichte sie dem Jungen eine lange Hose, die mit Flicken versehen war, weil Ralf halt öfter mal hinfiel und die Hose an den Knien zerrissen hatte.

Sauberkeit, Hygiene und das mit der Milch

Freunde brachte er ungern mit nach Hause. Er schämte sich, weil es chaotisch aussah, und sehr sauber war es auch nicht. Bei den Eltern der Freunde war es immer schön aufgeräumt, es roch gut, und war so sauber. Emilie schien vom Haushalt überfordert, sie kochte und backte zwar gut Kuchen oder Plätzchen, aber aufräumen und putzen? Das war nicht ihr Ding. Überall lagen stapelweise alte Zeitungen, Wäsche häufte sich auf Stühlen und deren Lehnen. Die Farbe des Fußbodens konnte man nur erahnen. Spinnweben schienen zum Wandschmuck zu gehören. Auf dem Küchenschrank war zwischen Decke und Schrank kein Platz, alles ausgefüllt mit Sachen, die keiner suchte oder brauchte, aber sie lagen auf dem Schrank. Es standen zwei Herde in der Küche. Ein Gasherd und ein Kohleherd, auf dem im Winter gekocht wurde und der die Küche heizen sollte. Im Sommer durfte der Gasherd ran.

Hygiene wurde nicht so groß geschrieben. Es gab nur Kaltwasser und Kernseife. Sie vertrug angeblich keine Kernseife, sie brauchte Duftseife. Warmwasser gab es nur im Winter, aus dem Schiffchen auf dem Kohleherd. Samstagmittag war Badetag, fast jeden Samstag.

Da wurde die Zinkwanne, die im Hof an der Wand hing, in die Küche geholt und mit Wasser von der Leitung und Warmwasser vom Schiffchen oder im Sommer vom Wasserkocher, der vom Gasherd erhitzt wurde, gefüllt. Zuerst badeten die Stiefeltern, in der Zeit wartete der Junge in Opas Zimmer.

Wenn die beiden fertig waren, durfte der Junge, ins jetzt natürlich nicht mehr so warme und saubere Bad. Nach dem Baden wurden einige Eimer aus der Wanne gefüllt, um damit später den Küchenboden zu putzen. Ein Teil wurde in einen Zuber gebracht, darin wurden die Arbeitskleider eingeweicht, der Rest kam in den Garten.

Milch wurde entweder beim Bauern oder in dem kleinen Laden im Dorf gekauft. Emilie drückte Ralf einige Groschen und die Milchkanne in die Hand, außerdem gab sie ihm eine leere Flasche mit einem Korken drauf. Geh zum Seufert und hol ein Liter Milch und einen halben Liter Salatöl befahl sie ihm, und trödle nicht rum. Der Laden vom Seufert war in der Dorfmitte, fast zwei Kilometer von Ralfs Haus entfernt. Beim Seufert gab es fast alles, was in so einem Dorf benötigt wurde, außer Fleisch, das gab es beim Metzger Friedrich.

Auf dem Tresen waren zwei Handpumpen montiert, aus einer kam Öl aus der anderen Milch. Herr Seufert füllte die beiden Gefäße für den Jungen, der zahlte und ging mit der wertvollen Fracht heimwärts. Ein größerer Junge, der in der gleichen Straße wohnte, kam auch vom Milch holen. Er überholte Ralf und sagte zu ihm, schau was ich kann. Er drehte die Milchkanne ganz schnell mit ausgestrecktem Arm im Kreis, ohne dass ein Tropfen Milch verloren ging. Eh, Kleiner, das kannst du sicher nicht. Ralf aber wollte es können und es diesem Großmaul zeigen. Also Ölflasche hinstellen und mit der Milchkanne in der Hand schwingen. Er drehte schnell und es kam auch keine Milch aus der Kanne, zumindest am Anfang nicht. Begeistert von seinem Können drehte der Junge weiter, bis er irgendetwas falsch machte. Er wurde unachtsam, die Kanne blieb an der Hüfte hängen, weil er so nah am Körper drehte, und das Unheil nahm seinen Lauf. Die Milch war nicht mehr in der Kanne, sondern auf der Straße. Der Große lachte, murmelte noch Dummkopf und lief in sein Haus. Wie ein begossener Pudel stand Ralf da, die Hosen mit Milch versaut, die Kanne leer, kein Geld für neue Milch, und das Emilie erklären. Das Nachtessen fiel diesen Abend wieder mal aus. Das Geschrei und die Schläge war er ja schon gewöhnt.

Dorfleben, die Schule und der Hunger

Das Dorf hatte nicht viele Einwohner, war aber sehr in die Länge und in die Breite gezogen. Die Dorfmitte lag im Tal, und rechts und links waren die Häuser in die Berge und Hügel gebaut, ähnlich wie es in dem Roman über Heidi beschrieben wird. Dummerweise wohnte Ralf fast am Ende des Dorfs auf einer Anhöhe. Ins Dorf ging es immer bergab, aber heimwärts immer bergauf.

Der Kindergarten, ein alter Sandsteinbau, fast alle Häuser waren aus Sandstein gebaut, denn Sandsteine gab es genug, die kamen aus den nahen Sandsteinbrüchen, lag natürlich in der Dorfmitte, an der Straße Richtung Frankreich. Der Junge musste den langen Weg alleine gehen, bestimmt drei Kilometer.

Nur einmal lief Emilie mit ihm, das war beim ersten Mal, um ihm den Weg zu zeigen. Später musste er in die Volksschule, auch nur einmal gezeigt. Die war noch weiter weg vom Elternhaus, auch ein Sandsteingebäude. Den Weg, immerhin vier Kilometer, lief er oft mit Nachbarskindern, auch Hans und Peter waren dabei.

Es war eigentlich alles im Tal: Das Gemeindehaus, der Doktor, auch der Zahnarzt, der war direkt neben der Volksschule. Die Geschäfte, na ja Geschäfte ist etwas übertrieben, es gab einen Bäcker, einen Metzger, den Friseur, den Seufert, die Post, eine Schlosserei und einen Installateur, der auch für das Elektrische zuständig war. Sogar ein Kino gab es im Kaff. Der Bahnhof lag am anderen Ende des Dorfs, an der Straße die zum Rhein führte. Wenn man sehr schnell lief, war man in vierzig Minuten da.

Der Junge musste ja einige Male mit den Eltern dahin laufen. Als Ralf in die 5. Klasse kam, zog die ganze Schule in ein neues Gebäude. Das war nicht so weit weg, da war er in schon in zehn Minuten. Dadurch konnte er früher in den Garten, erst die Arbeit.

Öfter, meist in den Ferien oder wenn die Kerwe im Dorf war, kam das Patenkind von Emilie für einige Tage zu Besuch. Das Patenkind war ein Mädchen und hieß natürlich auch Emilie. Wenn sie da war, sollte Ralf mit ihr spielen oder wenn seine Freunde kamen, um mit Ralf um die Häuser zu ziehen, sollte er klein Emilie mitnehmen, was er meist nicht oder nur unter Protest tat.

Die Kleine wurde verwöhnt von Rudolf und ihrer Patentante, was natürlich Ralf auch schmerzlich merkte. Da hieß es nur, Emilie hast du dem Kind auch was mitgebracht? Schließlich warst du doch in der Stadt. Oder: Hier, meine Kleine, hast du Süßigkeiten, nur für dich. Das meiste bekam sie hinter Ralfs Rücken zugesteckt, der sollte ja nichts merken, der Tunakler.

Klein Emilie merkte in ihrer kindlichen Naivität nicht, wie sehr Ralf unter der Bevorteilung litt. Sie dachte, so eine gute Tante und Onkel, Mensch hat der Ralf es schön. Ralf wehrte auch jeden ihrer Annäherungsversuche ab, nur wusste das arme Emilchen nicht, warum er so abweisend war.

Nach der vierten Klasse sollte Tante Emilie in die Schule kommen, weil die Lehrerin mit ihr sprechen wollte. Ralf sollte in der Stadt eine höhere

Schule besuchen, er hätte das Zeug dazu. Da kam sie bei Emilie an die Richtige. Der Bengel soll weiter in die Volksschule gehen, ins Gymnasium gehen... Das ist doch was für Besserverdiener und arrogante Spinner, die was Besseres sein wollen. Und das viele Fahrgeld und die teuren Bücher, nee, der soll mal schön hier bleiben. Ende der Diskussion. Also ging Ralf weiter in die Volksschule.

Am Montag fragte der Lehrer immer – wer war im Kino? Dann, wer war in der Kirche? Wehe man war im Kino und nicht in der Kirche. Beides ging, aber nur Kino? Ralf ging gerne ins Kino, leider war das finanziell fast unmöglich. Es gab zum Glück Hans, Hans bekam eine Mark Taschengeld, damit lud er Ralf öfter mal ins Kino ein. Zweimal Eintritt waren achtzig Pfennig, der Rest reichte für Karamellen. Natürlich durften Ralfs Eltern nichts von den Kinogängen wissen, die glaubten, Ralf sei bei Hans zum Spielen.

Die Mutter von Hans war eine gütige Frau, sie wusste auch von den katastrophalen Verhältnissen, die in Ralfs Heim herrschten. Sie verwöhnte Ralf, wo es ging. Wenn Hans was Süßes bekam, gab's auch was für Ralf. Wenn Hans in die Wanne musste, weil die Jungs mal wieder mit Harz oder Sand verkleckert waren, wurde Ralf gleich mit geschrubbt. Das war toll, sie planschten in der Wanne rum, und der Duft des Badeschaums, es war für Ralf wie im Paradies.

Jungs im Wachstum haben Hunger, sie haben immer Hunger, auch Ralf blieb von diesem Phänomen nicht verschont. Die Portionen waren nicht so groß. Es gab ja nicht so viel in dieser Zeit, und den vollsten Teller hatten die Großen vor sich stehen, und das meiste auf dem Teller von Ralf war nicht sehr schmackhaft, aber der Besen, also runterwürgen. Der Hunger kam dann meist ein, zwei Stunden nach der Mahlzeit, aber die Bitte nach einem Stück Brot wurde mit den Worten ‚friss am Tisch' abgelehnt.

Aber die Kraft des Hungers war stark, zu stark für Ralf, also schlich er nachts zum Brotkasten, säbelte eine Scheibe ab und versuchte den Schnitt so zu machen, dass niemand etwas merkte. Jetzt zum Kühlschrank und von der Wurst ein Stück abschneiden, aber schön schräg damit niemand etwas merkt. Es ging ja auch eine Zeit ganz gut mit dem Mundraub. Irgendwann fand Emilie Krümel im Bett. Sie schrie Ralf an, du verfressenes Subjekt. Brot klauen... Ihre fleischige Hand drosch auf den Jungen ein. Das Brot wurde jetzt im Küchenschrankunterteil eingeschlossen, ebenso wurde der Kühlschrank abgeschlossen. Hunger ist stärker als Schläge und abgeschlossene Schränke. Ralf wurde erfinderisch und zum Lebensmitteldieb, er wurde zum Experten für gerade Schnitte.

Das Brot war zu erreichen, indem er die Schublade aus dem Schrank zog, und durch die entstandene Öffnung gelangte er an das begehrte Brot. Eine Nagelschere öffnete das primitive Schloss des Kühlschranks. Emilie merkte zwar, dass etwas nicht stimmte. Die Wurst war doch gestern größer? Aber sie verwahrte ja die Schlüssel, und im Bett gab es keine Krümel. Wie gut schmeckte die Fleischwurst, viel besser als die Leberwurst, die wie Sägemehl den Gaumen und die Zunge in Beschlag nahm.

Fleischwurst war nur für Emilie genau wie die gute Butter und die Sahne, denn Leber und Blutwurst verursachten ihr Sodbrennen genau wie Margarine. Sahne war nur für Frauen. Ralf wollte später nie Butter oder Sahne mehr essen, das war was für Frauen, aber Fleischwurst. Ralf war ein ‚Süßer'. Er liebte Schokolade und ganz besonders Negerküsse. Zuerst vorsichtig oben die Schokoladenkappe abbeißen, mit der Zunge den weißen Schaum aus der Schokoladenhülle pulen, das war ein Genuss. Die an der Waffel klebende Schokohülle langsam genüsslich abnagen und zum Schluss die Waffel, es gab nichts Besseres. Einmal bekam er von seinem Bruder fünf dieser Küsse geschenkt. Als Emilie das sah, nahm sie ihm gleich vier ab und sagte, wenn der die jetzt alle verdrückt, frisst er nichts mehr beim Nachtessen. Unvermittelt schossen Ralf die Tränen aus den Augen, ebenso unvermittelt kam die Ohrfeige mit der fleischigen Hand und dem Kommentar: So jetzt kannst du weinen. Ralf schwor sich, von meinem ersten eigenen Geld kauf ich mir einen ganzen Kasten Negerküsse, was er später auch tatsächlich tat.

Nachbar Kraus und beinahe Amerika

In der näheren Nachbarschaft lebte Familie Kraus, eine seltsame Familie, die mit Rudolf und Emilie befreundet waren. Die hatten einen Sohn, der sogar älter als Ralf war. Sein Name war Erich. Er hinkte stark, weil er eine Prothese trug, die sein durch Kinderlähmung geschwächtes und dünn gebliebenes Bein stützte. Herr Kraus hatte Klumpfüße, die Kinder starrten immer auf diese Füße, die höher als breit waren. Frau Kraus war eine kleine grauhaarige Frau mit Zähnen, die im 45° Winkel nach vorne aus dem Mund schauten. Die Haare trug sie wie ein Zopf um den Kopf geschlungen. Erich war Schuhmacher beim Schuster im Dorf. Nebenbei reparierte er die Schuhe der Nachbarschaft.

Herr Kraus arbeitete nicht, aber Frau Kraus fuhr jeden Tag in die Stadt zur Arbeit. Die Kinder waren gerne bei Herrn Kraus, da gab es immer Süßigkeiten. Sogar den Schwestern von Peter gefiel es bei Krauses. Sie bekamen sogar mehr Süßes als die Jungs, weil sie auf seinem Schoß sitzen durften. Er sagte zu den Kindern, erzählt ja nichts zu Hause oder euren Freunden, sonst gibt es keine Süßigkeiten mehr, das ist unser Geheimnis, ihr wisst ja, Geheimnisse müssen unter Freunden bleiben und ich bin euer Freund. Sie erzählten niemanden etwas von ihrem Geheimnis.

Mam und Pap mussten zurück in die Staaten, weil Paps Vater verstorben war und Pap sollte die elterliche Ranch übernehmen. Sie hatten ja keine Kinder, aber Ralf wäre der Sohn, den sie sich immer gewünscht hatten. Marga fragte Ralf, ob er mit Mam und Pap nach Amerika gehen wolle, der Junge sprang vor Freude hin und her, natürlich wollte er.

Er mochte die Beiden schon immer, weil sie so liebevoll zu ihm waren. Obwohl er nicht verstand, was sie sagten, merkte er die Güte und Wärme in ihren Stimmen und Augen. So, wünschte er sich, sollten Eltern sein. Er war ja jung und nicht der dümmste. Er wollte Englisch lernen. Nur wie sollte er es den Pflegeeltern sagen? Marga musste helfen. Marga kam mit Mam und Pap ins kleine Häuschen, um Ralfs Pflegeeltern zu fragen. Langsam begann Marga zu erzählen, Ralfs Blicke gingen von Marga zu Emilie von Rudolf zu Mam von Mam zu Pap, Ralf zitterte vor Aufregung. Passt mal auf, sagte Marga, ihr wisst ja dass Mam und Pap keine Kinder haben, Pap muss zurück in die Staaten, und sie würden Ralf gerne mitnehmen. Der Junge bekommt eine ordentliche Ausbildung und hat es bestimmt gut bei den beiden. Es soll euer Schaden nicht sein. Die zahlen euch das Geld, das ihr vom Amt bekommt und legen noch was drauf.

Rudolf sagte gar nichts aber die Emilie. Zuerst zitterten nur ihre Lippen, dann kam der Schrei. Die Stimme überschlug sich fast, als sie loslegte. Ihr spinnt wohl, ich habe den Kerl nicht großgezogen, damit ihr ihn so einfach mitnehmen könnt. Der hat bei uns alles, was er braucht. Sie fragte Ralf nicht, ob er mit wolle, er war ihr Eigentum. Mam und Pap versuchten, Emilie umzustimmen, vergebens. Wieder einmal wurden Ralfs Augen nass.

Das einzige Zugeständnis was Emilie machte, Ralf durfte mit zum Flughafen, um sich von Mam und Pap zu verabschieden. Der Tag des Abflugs kam. Marga und Herbert fuhren mit Ralf zum Flughafen, wo Mam und Pap schon warteten. Die beiden drückten den Jungen herzhaft, als wollten sie ihn nicht mehr loslassen. Er wollte auch nicht losgelassen werden. Die drei weinten, auch Marga konnte ihre Tränen nicht mehr zurückhalten, es war ein trauriger Abschied. Mam und Pap liefen mit ihren Gepäckstücken durch eine Sperre und winkten den drei zu. Sie winkten so lange, bis sie hinter einer Biegung verschwanden. Niedergeschlagen fuhren die drei zurück. Herbert versuchte den Jungen mit Späßen aufzuheitern, was ihm aber nicht gelang.

Umbau und ein seltsames Erlebnis

Als Rudi so um die zwanzig war und das Maurerhandwerk beherrschte, begann er, mit Rudolf das kleine Häuschen umzubauen. Als Erstes wurde das Dach abgerissen. Die Arbeiten wurden im Sommer durchgeführt, und während des Umbaus wurde es in dem ohnehin engen Häuschen noch enger. Es mussten alle zusammenrücken, Rudi und die Pflegeeltern schliefen in der Küche, Ralf bei Opa Benedikt. Alle hofften, dass es nicht regnet, denn außer dem Dach wurde auch die Decke heruntergerissen und die Öffnung zum Himmel hin wurde mit Planen abgedeckt. Es sollte ein neues Stockwerk entstehen mit Wohnzimmer, Schlafzimmer für die Eltern und eins für Rudi und Ralf, nur sollte Rudi nie in das geplante Zimmer einziehen, das wusste zu diesem Zeitpunkt wahrscheinlich nur er. Endlich kein kaltes Schlafzimmer mehr, keine Lücken im Dach, durch die man nachts das Mondlicht sehen konnte.

Zuerst wurde eine neue Decke eingezogen, dann die Seiten und Zwischenwände des neuen Stockwerks hoch gemauert. Rudis Freund, der andere Rudi, der mit dem geklauten Fleisch, half beim Mauern, denn er lernte diesen Beruf auch. Rudolf machte den Mörtel und Ralf musste beim Schuttwegbringen helfen. Nach einigen Wochen, Gott sei Dank ohne Regen, wurde Richtfest gefeiert. Wieder einige Wochen später konnten die neuen Zimmer bezogen werden. Das Bad sollte viel später dazu kommen, in dem Raum, wo Emilie sonst die Wäsche kochte. Das Klo blieb weiter im Hof.

Natürlich wurde billig und ohne Architekt gebaut. Um in die oberen Stockwerke zu gelangen, musste man über eine Außentreppe gehen, natürlich ohne Geländer. Über einen kleinen Flur ging es links in ein kleines Wohnzimmer, das noch lange auf seine Fertigstellung warten musste. Geradeaus kam man ins Elternschlafzimmer und dahinter war dann das Zimmer von Ralf und Rudi. Also mussten die beiden immer durchs Elternschlafzimmer, wenn sie zu Bett wollten. Als Rudi einige Male spät nachts nach Hause kam, gab es jedes Mal einen fürchterlichen Streit, weil er im Dunkel öfter an das Bett der Eltern stieß und diese dann unsanft geweckt wurden. Rudi wollte diesen Zirkus nicht länger mitmachen und zog aus. Er nahm sich ein Zimmer in der Stadt und kam Jahre nicht heim.

Jetzt musste Ralf wieder alleine schlafen. Es war nicht angenehm, neben den Eltern, nur durch eine Tür, die nicht richtig schloss, zu nächtigen. Die berühmten Freitage, Rudolf besoffen, Emilie keifend, bekam er jetzt hautnah mit, und wie nah. Der Streit ging meist bis tief in die Nacht. Ralf lag bibbernd im Bett und musste alles mit anhören. Manchmal wurde es nach dem Streit ruhig und ihr Bett ächzte in einem Rhythmus – das Geräusch konnte Ralf noch nicht einordnen – vielleicht sollte er mal Benedikt fragen, dachte er.

Er hatte so von einem warmen Schlafzimmer geträumt, leider belehrte ihn der kommende Winter eines Besseren. Es war genau so kalt wie im alten Zimmer, Eisblumen am Fenster, Atem wie Zigarettenrauch; mit langen Unterhosen, Socken und Pulli, die Decke über dem Kopf einschlafen. Manchmal bekam er einen heißen Backstein, der in Zeitungspapier eingewickelt wurde mit ins Bett, da war es wenigstens ein bisschen warm. Irgendwann stellten die Eltern einen Ofen in ihr Zimmer, wegen der Kälte. Ralf musste jetzt seine Schlafzimmertür geöffnet lassen, damit ein bisschen der Ofenwärme in sein Zimmer gelangen konnte. Jetzt war's vorbei mit dem Lesen, zumindest bis die Pflegeeltern ins Bett gingen. Natürlich waren jetzt die Streitereien und das Bettgeräusch noch besser in Ralfs Zimmer zu hören. Dann kamen solche Wortfetzen rüber wie: Nicht so laut, der Junge wacht auf. Ach was, der pennt tief und fest. Natürlich pennte er nicht tief und fest, er tat nur so. Wenn Ralf nachts ein menschliches Bedürfnis hatte, musste er durchs Schlafzimmer der Pflegeeltern, was mit Beschimpfungen begleitet wurde.

Für das kleine Geschäft gab es den Nachttopf. Um diesen Beschimpfungen zu entgehen, wurden die nächtlichen Gänge weitgehend vermieden. Da man ja nicht anklopft, wenn man auf sein Zimmer will, kam es zu einigen, für beide Seiten peinlichen Zwischenfällen. Ralf war inzwischen zwischen dreizehn und vierzehn und wusste schon einiges über zwischenmenschliche Beziehungen. Also kam es, wie es kommen musste. Ralf wollte an einem Samstag etwas aus seinem Zimmer holen und öffnete arglos die Tür zum Elternzimmer.

Da lag er im Bett und sie saß nackt auf ihm, beide mit hochrotem Kopf und ziemlich atemlos. Sie starrten ihn mit weit aufgerissenen Augen an, völlig verwirrt schloss der Junge schnell die Tür hinter sich, musste er eben später in sein Zimmer. Einige

Tage später wollte Ralf aus seinem Zimmer, wegen der Schule. Die Schlafzimmertür war nur angelehnt – also sorglos öffnen und da stand sie, er hatte nie zuvor eine nackte Frau gesehen, in Natur, nur mal in einem Heft, das Rudi auf seinem Nachttisch liegen ließ. Diese Frauen im Heft sahen aber anders aus, nicht so dick, wie die Frau, die vor ihm stand. Verschämt, den Kopf zu Seite gedreht, rannte Ralf durchs elterliche Zimmer. Unten in der Küche angekommen: den Schulranzen schnappen und nix wie weg. Er hat nie jemandem von diesen Begegnungen erzählt.

Kerwe, erste Liebe und Abenteuer

Es war wieder mal Kerwe im Dorf. Das war ein Fest. Da wurden die Häuser geputzt, meist die Nachbarhäuser und die Gasse gefegt. Es wurde Kuchen gebacken und sonntags gab es ein Festessen. Die Kinder bekamen Kerwegeld, das natürlich freudestrahlend angenommen wurde. Ralf bekam von Opa Benedikt fünf Mark, von seinen Pflegeeltern eine Mark. Auf dem Kerweplatz traf er seine Freunde und man fuhr Autoskooter und Schiffschaukel. Es wurden Mohrenköpfe gegessen und Zuckerstangen gelutscht. Den meisten Zuspruch bekam der Autoskooter, da standen die Mädels kichernd rum und die Jungs fragten schüchtern, ob die Auserwählte im Skooter mitführe. Stolz wie ein Schwan saßen sie dann im Skooter, die Jungs lenkten lässig mit links, weil der rechte Arm um die Schulter des Mädels lag.

Natürlich kam man sich vor wie ein King, weil man eine abbekommen hatte. Schüchtern fragte auch Ralf eine dunkelhaarige Schönheit, ob sie mit ihm führe, sie sagte ja. Er war in diesem Moment der glücklichste Junge weltweit. Und die Freunde warfen ihm anerkennende Blicke zu, er war der Größte, zumindest für die paar Minuten der Fahrt.

Sie kam aus einem Dorf circa zwanzig Kilometer von seinem Ort entfernt und war mit ihrer Mutter auf der Kerwe. Die Mutter war sehr nett und gab Ralf das Gefühl einer kaum gekannten Wärme. Gemeinsam gingen sie über den Kerweplatz und Ralf war stolz auf seine erste Freundin. Die Mutter von Carmen lud Ralf für den nächsten

Samstag ein, das wurde eine lange Woche für den Jungen.

Der ersehnte Samstag kam und Ralf fuhr mit dem Fahrrad zu Carmen. Mensch, hatten die eine schöne Wohnung – und so sauber. Carmens Eltern waren geschieden, vielleicht war ihr Vater wie Rudolf. Ralf konnte seine Augen kaum von Carmen lassen, sie war so schön. Er war verliebt. Sie saßen zusammen auf dem Sofa und er hielt schüchtern ihre Hand, die Mutter tat so, als würde sie nichts merken. Es gab Kaffee und Kuchen, er hatte Mühe die Tasse ruhig zum Mund zu führen, die Hand zitterte wie Espenlaub, also musste zweihändig getrunken werden.

Irgendwann kam der Abschied, ein schmerzlicher Abschied, denn Ralfs Rad hatte kein Licht und Emilie würde eine späte Heimkehr entsprechend honorieren. Sie versprachen sich gegenseitig zu schreiben, denn Telefon hatten zu dieser Zeit nur wenige Leute. Sie schrieben sich fleißig, so mit Herzchen und Liebesschwüren.

Einmal, es war Samstag morgen, Ralf lag krank im Bett, da brachte Rudolf einen Brief an Ralfs Bett. Er hatte den Brief geöffnet und sagte, da hat deine Freundin geschrieben. Ralf wollte den Brief nicht lesen, weil Rudolf sein Geheimstes gelesen hatte, er drehte sich weinend in das Kissen und wollte am liebsten sterben. Irgendwann wurden die Briefe von Carmen seltener und er bekam kaum noch Antworten auf seine Briefe.

Auf der Kerwe im Jahr darauf lernte Ralf den Jungen von der Schießbude kennen. Ralf schaute beim Aufbau zu und war von dem Zusammenhalt der Familie begeistert. Da wurde nicht geschimpft und die Eltern und die mitgereiste Oma gingen liebevoll miteinander um. Ralf durfte sogar mit in den Wohnwagen und wurde zum Essen eingeladen. Es war lecker und kein Handfeger lag neben dem Teller der Mutter.

Über die Kerwe half Ralf seinem neuen Freund am Schießstand. Neue Blumen in die Keramikröhrchen stecken und dann über die Nägel an der Latte schieben, das machte Spaß. Am Abend gab ihm die Mutter fünf Mark – nur so. Es waren gerade Herbstferien und Gerhard, so hieß der neue Freund, fragte Ralf, ob er mitfahren will. Die nächste Kerwe wäre in einem Dorf an der Weinstraße und seine Mutter würde sich auch freuen, wenn er mitfahren würde.

Gerhards Mutter fragte Emilie und die hatte wider Erwarten nichts dagegen. Es war herrlich, mit dem Wohnwagen durchs Land zu fahren, sie kamen durch Orte, von denen Ralf nur aus dem Heimatkundeunterricht wusste. Im Wohnwagen schlafen, noch nie sah Ralf ein Etagenbett. Es war toll, er durfte oben schlafen. Die Oma und Gerhard schliefen unten. Leider waren die Ferien zu schnell vorbei und Gerhards Mutter fuhr Ralf wieder zu seinen Pflegeeltern.

Es war schon komisch, Emilie konnte sich nicht freuen, beziehungsweise Ralf mal drücken, obwohl er zwei Wochen weg war. Alle Eltern in Ralfs Freundeskreis herzten ihre Kinder, und Ralf hätte sich das auch von seinen Eltern gewünscht. Ihr Patenkind konnte sie drücken.

Ein Junge aus Ralfs Klasse, sein Name war auch Gerhard, er hatte sogar den gleichen Nachnamen wie Ralf, wohnte in der gleichen Straße, etwas unterhalb von Ralf. Gerhard hatte keinen Vater, der war im Krieg gefallen. Gerhard wohnte mit seiner Mutter, seiner Oma und seinem Onkel in einem Bauernhaus. Der Onkel war sehr streng, er war praktisch Gerhards Ersatzvater. Die Jungs spielten öfter zusammen im Heu. Man konnte so herrlich vom Heuboden durch eine Luke in den Stall springen, aber nur, wenn unten Stroh lag.

Wieder einmal lagen die Jungs auf dem Heuboden und lümmelten vor sich hin, ein weiterer Freund war auch dabei. Irgendwann zog Gerhard ein Päckchen mit Zigarren aus der Tasche, die hat er seinem Onkel geklaut. Jeder nahm sich eine und zündete sie an, sie hatten ja bei den Großen gesehen, wie das geht. Sie pafften und husteten, nur keine Schwäche zeigen. Die Dinger schmeckten ekelhaft, aber sie kamen sich so erwachsen vor. Der Qualm sammelte sich unter dem Scheunendach wie ein grauer Nebel, um sich dann träge durch die Bretterritzen ins Freie zu begeben. Plötzlich Geräusche unten im Stall, Gerhards Onkel kam unerwartet vom Feld zurück, was tun mit den Zigarren? Sollte der Onkel sie beim Rauchen erwischen, würde es mächtig Ärger geben. Vor Angst warfen sie die Zigarren weg (natürlich ins Heu) und schlichen sich aus der Scheune. Erst später wurde ihnen bewusst wie leichtsinnig sie gehandelt hatten, die Angst vor dem Onkel war größer als jede logische Überlegung. Zum Glück gingen die Zigarren von selbst aus und das befürchtete Feuer blieb aus.

Bevor das Heu auf den Heuboden kam, wurde es auf der Wiese getrocknet. Das Gras wurde über eine Holzvorrichtung gelegt, das sah dann aus wie ein Indianerzelt. Gerne spielten die Jungs in diesen Heugestellen, nur Gerhards Onkel sah das nicht so gerne. Es kam, wie es kommen musste. Der Onkel überraschte die Jungs, die rannten so schnell sie konnten über den Acker, nur um dem schwingenden Stock zu entgehen, den der Onkel wie ein Schwert in der rechten Hand trug. Plötzlich ein Schrei. Gerhard war gestolpert und fiel in eine Egge, die der Onkel zwecks Reparaturarbeiten mit den Spitzen nach oben vom Schlepper abgekoppelt hatte. Heulend und wimmernd saß Gerhard auf der Egge. Er war mit dem Po auf die Egge gefallen und wurde praktisch aufgespießt. Ralf und die Jungs liefen weiter und überließen Gerhard seinem Schicksal. Der Stock des Onkels zwang sie dazu.

Gerhard wurde vom Onkel aus der Egge gezogen und mit dem Traktor zum Doktor gefahren, der die Wunden nähte. Stolz zeigte Gerhard den Jungs einige Tage später seine ‚Kriegsverletzung'.

Im Spätsommer wurden die Zwetschgen geerntet. Natürlich musste Ralf dabei helfen. Nach dem Ernten wurden die Zwetschgen entkernt, dann gab's Zwetschgenkuchen und Kartoffelsuppe. Aus den meisten Früchten wurde Latwerge, eine Art Zwetschgenmus, gemacht. Dieser wurde in einem Kupferkessel gekocht. Ralf musste den Kessel anheizen. Die entkernten Zwetschgen wurden in den Kessel gekippt, dazu kamen Zucker und Gewürze. Mit einem großen Holzlöffel wurde das Ganze gerührt. Das Rühren machte Rudolf, die ganze Nacht wurde gerührt, damit die Masse nicht am Kessel klebt. Der kochende Latwerge verbreitete einen wohlriechenden Duft. Am nächsten

Tag wurden die zerkochten Zwetschgen mit einer Schöpfkelle in Gläser abgefüllt mit Zellophanpapier und einem Gummi verschlossen und anschließend im Keller gelagert.

Eines Nachts wurde Ralf durch laute Geräusche, die aus dem Hof kamen, geweckt. Da war ein Bellen, Winseln, Schreien, das erschütternd klang. Rudi und Rudolf schrien und Emilies Organ überschallte alles.

Was war geschehen? Ein Fuchs hatte sich im Hof verirrt und kämpfte mit dem Hund. Ja, es war wieder ein Hund im Haus. Den hatte Rudolf nach einer Sauftour mitgebracht. Emilie tobte zwar, aber der Hund blieb, und Ralf hatte einen neuen Freund. Der Hund war eine Boxermischung und fast so anhänglich wie die erschossene Hündin. Die beiden Tiere hatten sich ineinander verbissen, die Erwachsenen schlugen mit Knüppeln auf den Fuchs ein, das alles beobachtete der Junge mit weit aufgerissenen Augen. Aus dem Maul des Fuchses tropfte weißer Schaum. Irgendwann ließ der Fuchs von dem Hund ab und flüchtet jaulend in die Nacht. Der Hund blutete aus mehreren Bisswunden und lag keuchend auf der Seite.

Ralf musste wieder einmal weinen und dachte: Nicht schon wieder einen Freund verlieren. Der wird wohl verrecken, sagte Emilie, was den Tränenstrom des Jungen noch verstärkte. Zum Glück gab es Rudi. Der holte Dachsfett und versorgte damit die Wunden des Hundes. Jetzt ging auch Ralf zu seinem Freund und streichelte ihn, sprach mit ihm, der Hund schaute ihn mit seinen treuen Augen an, als wolle er sagen, wird schon werden kleiner Mann.

Der Hund erholte sich schnell, und beide tobten Tage später wieder durch den Garten.

Weinlese

Im Herbst fuhren die Pflegeeltern mit Ralf an die Weinstraße, um bei der Weinlese zu helfen. Ralf hatte Herbstferien und musste bei der Ernte mithelfen. Sie arbeiteten bei einem Winzer, den sie schon lange kannten und zu dem sie in jedem Jahr zur Weinlese anreisten. Eigentlich gefiel Ralf die Arbeit im Weinberg ganz gut. Emilie schrie nicht, wegen der Leute natürlich. Der Winzer hatte zwei Töchter, die etwas älter als Ralf waren.

Mit den beiden, Anneliese und Gertrud, verstand er sich gut. Morgens ging es mit dem Ochsenkarren in den Weinberg. Ein zweites Gespann zog einen Wagen auf dem mehrere Bottiche standen. Es waren viele Leute bei der Lese, die meisten davon waren Frauen, die sich was dazu verdienen mussten. Die Frauen und Kinder schnitten die Trauben vom Stock ab und legten sie in einen Eimer. War der Eimer voll, wurden die Trauben von den Männern in eine Hotte gekippt – war die Hotte voll, trugen die Männer sie auf dem Rücken zum Wagen mit den Bottichen und kippten sie hinein. Die Frauen schwätzten, während sie schnitten und die Kinder sangen und alberten herum. Um neun Uhr gab es was zu essen, da saßen alle auf ihren umgestülpten Eimern.

Die Oma, sie war die Mutter des Winzers, hatte alles vorbereitet. Es gab Kaffee für die Großen, die Kinder bekamen Kakao, dazu wurde Marmeladenbrot gegessen. Das Brot schmeckte köstlich, es war echtes, selbst gebackenes Bauernbrot, das scheibenweise von einem großen runden Laib geschnitten wurde. Ralf konnte sich nicht erinnern, einmal so gutes Brot gegessen zu haben. Nachdem alle gesättigt waren, wurde weiter gelesen. Zur Mittagszeit, pünktlich um zwölf, gab es Mittagessen. Es wurden Pellkartoffeln mit Hausmacherwurst, Käse und Latwerge gegessen. Ralf brauchte keinen Handbesen beim Teller, denn es schmeckte ihm.

Waren alle Bottiche gefüllt, zog die Karawane zurück zum Winzerhaus. Für die Frauen und Kinder war Feierabend. Die Männer mussten bis tief in die Nacht arbeiten. Die Trauben wurden mit einer großen Mistgabel, mit Kugeln an den Spitzen, vom Bottich in die Kelter geschaufelt. War die Kelter voll, wurden die Trauben gepresst. Dabei mussten zwei Männer eine große Schraube mit Stangen an der Seite über ein großes Gewinde nach unten drehen. Die Schraube drückte eine Platte auf die Trauben und drückte sie zusammen. Der Saft wurde unterhalb der Kelter gesammelt und lief über eine Rinne in einen Behälter. Eine Pumpe förderte den Saft vom Behälter in ein großes Eichenfass. Feierabend war erst, wenn alles gekeltert war.

Bevor der Saft ins Fass gepumpt wurde, musste das Fass innen gereinigt werden. An der Stirnseite des Fasses war eine kleine Öffnung, wie eine kleine Tür, durch diese Öffnung zwängten sich die Männer, es sah schon seltsam aus, wie sie sich durch die kleine Öffnung quälten. Zuerst ein Arm, dann der Kopf und die Brust und dann zogen sie sich seitlich liegend ins Fass. Mit dem Schrubber und einer Waschlauge wurde dann innen der Weinstein abgescheuert.

Ralf musste mit den Pflegeeltern in einem Zimmer, in einem Ehebett schlafen. Schlafen war etwas viel gesagt. Ralf war jeden Morgen müde, weil er kaum schlafen konnte und wenn er mal eingeschlafen war, wurde er durch irgendwelche Geräusche geweckt. Emilie schnarchte, dass das Bett vibrierte. Drei Leute in einem Bett, da wird es eng, irgendwann fehlte die Bettdecke oder eine Hand lag im Gesicht. Wenn Rudolf wieder mal zuviel getankt hatte, er war ja an der Quelle, wurde die Nacht für den Jungen zur Tortur. Erst zischelte Emilie, weck den Jungen nicht auf, du alter Vollsauf, er brummelte zurück, sei ruhig, der Junge schläft, dann schnarchten beide. Es gab auch Nächte, da schnarchten sie nicht, dafür machten sie rhythmische Bewegungen, dass das Bett wackelte, beide schnauften, als würden sie eine schwere Last tragen oder eine hohe Treppe steigen und der Junge wurde wach, ließ aber die Augen geschlossen, warum auch immer. Hatte sich das Bettbeben gelegt, kam unverzüglich das Schnarchen. Nach zwei Wochen Weinlese war Ralf kaputt. Die Eltern meinten nur, du bist halt Arbeit nicht gewöhnt.

Berufswahl und Konfirmation

Ralf war jetzt vierzehn Jahre alt und er sollte sich Gedanken über einen Lehrberuf machen. Es war schon seltsam, in der Schule wurde ihm gesagt, lerne einen Beruf, der dir Spaß macht, der deinen Fähigkeiten entspricht, also was Kreatives. Die Pflegeeltern bestanden darauf, dass er ein Handwerk lernte. Handwerk hat goldenen Boden, pflegte Emilie immer zu sagen. Eigenartig, beide Elternteile hatten keinen Beruf.

Da Ralf gerne zeichnete und bastelte, wollte er unbedingt Dekorateur lernen. Als er seinen Berufswunsch seinen Pflegeeltern mitteilte, rasteten diese fast aus. Das sind doch alles Spinner, war noch das harmloseste ihrer Argumente. Im Dorf wohnte ein Dekorateur, der war immer locker gekleidet, Jeans und Turnschuhe, das Hemd über der Hose, für die Dörfler ein Spinner. Die langen Haare, die zu einem Pferdeschwanz gebunden waren, taten ihr übriges, um die Meinung der Dörfler und der Pflegeeltern zu bestärken. Ralf gefiel dieser Spinner, war er doch ein Außenseiter in der Dorfgemeinschaft, genau wie er. Ralf konnte reden, weinen, sogar die Empfehlung der Berufsberatung vorlegen, den Dekorateur musste er sich abschminken. Wenn du keinen gescheiten Beruf lernen willst, gehst du mit deinem Vater auf den Bau. Basta, und jetzt keine Widerrede.

Ein Nachbarsjunge, er war ein Jahr älter als Ralf, lernte bei der Post. Ralf fragte den Jungen, sein Name war Franz, wie es bei der Post sei. Franz erklärte ihm die Möglichkeiten, man könnte sich sogar weiterbilden und bei der Post Karriere machen. Das gefiel Ralf – also heim zu Emilie. Gut, wenn ich schon nicht Dekorateur lernen darf, gehe ich zur Post.

Emilie gab keinen Kommentar ab und Ralf wähnte sich schon bei seinem FastTraumberuf. Als Rudolf am Abend, wieder mal angetrunken, von der Arbeit kam, empfing ihn Emilie mit der Neuigkeit von Ralfs Berufswunsch und den entsprechenden Bemerkungen dazu – stell dir vor, jetzt spinnt der Kleine ganz. Der will zur Post, anderer Leute Briefe und Pakete austragen, bei Wind und Wetter, die verdienen doch nix bei dem Haufen. Für diese Tätigkeit muss man doch nichts lernen, das kann doch jeder Depp. Ne, ne, mein Junge, schlag dir das schnell aus dem Kopf. Entweder ein Handwerk oder auf dem Bau schippen.

Also, auf dem Bau schippen, mit dem versoffenen Pflegevater zusammen, das wollte der Junge auf keinen Fall, dann lieber ein Handwerk lernen, aber keinesfalls Maurer oder Gipser oder so was ähnliches. Über ein Handwerk hatte er sich vorher noch nie Gedanken gemacht. Er wusste zwar, welche Handwerke es gibt, aber für keines hatte er ein Faible. Vor der Lehre kamen erst einmal noch die achte Klasse und die Konfirmation.

Im Gegensatz zu Stiefbruder und Pflegeeltern hatte er alle Klassen geschafft, auch ohne deren oder fremder Nachhilfe, und er war stolz darauf. Die letzte Hürde war der Abschluss der achten Klasse. Da musste man noch was tun. Das letzte Zeugnis war doch sehr wichtig, man konnte zwar nicht mehr sitzen bleiben, aber das Zeugnis...

Sein letztes Zeugnis war, so fand er, nicht gut genug. Weil Ralf unbedingt wissen wollte, wie er zeugnismäßig da stand, ging er zum Lehrer und verlangte ein vorläufiges Zeugnis, das er angeblich für eine Bewerbung benötige, ein vorläufiges Abschlusszeugnis. Ralf fühlte sich wie ein König, er hatte es geschafft, trotz der Missstände in der Familie und trotz der Beleidigungen über sein Äußeres. Er hütete das Zeugnis wie einen Schatz, keiner bekam es zu sehen.

Die letzten Monate in der Schule vergingen wie im Flug, und das Lernen machte richtig Spaß. Es kam der Tag der Entlassung und die Zeugnisse wurden verteilt. Ralfs Abschlusszeugnis war sogar noch etwas besser als das vorläufige. Alle Schüler hatten schon eine Lehrstelle oder Arbeit, bis auf Ralf, so glaubte er zumindest. Er hatte nicht an Emilie gedacht. Als er nämlich von der Schule nach Hause kam, hielt ihm Emilie einen Zettel unter die Nase. So, mein Junge, jetzt ist es vorbei mit dem Faulenzen.

Ralf und faulenzen, bei dem Drill. Sie hatte wohl vergessen, wie sie den Jungen all die Jahre hergenommen hatte. Lies den Brief, lesen wirst du wohl können. Da stand in großen Lettern: Lehrvertrag zur Ausbildung zum Spengler und Installateur, Firma Lorenz in Kaiserslautern, dreieinhalb Jahre, Beginn 20.04.1961, Ende 04.10.1964. Verdienst: 1. Lehrjahr 40 DM im Monat, 2. Lehrjahr 50 DM im Monat, 3. Lehrjahr 60 DM im Monat, 4. Lehrjahr 70 DM im Monat.

Von wegen Ende 04.10.64. Das sollte Ralf erst später merken. Da es nämlich den Beruf des Spenglers und Installateurs zum Ende seiner Lehrzeit nicht mehr gab, durfte er die Gesellenprüfung erst im April 65 ablegen. Aus dem Doppelberuf waren zwei getrennte Berufe gemacht worden.

Mit großen Augen überflog Ralf die Zeilen: Spengler und Installateur? An diesen Beruf hatte er nie gedacht. Ja, durchbrach Emilies laute Stimme die Gedanken des Jungen, ich habe Nägel mit Köpfen gemacht und dir eine Lehrstelle besorgt. Sei froh, dass wir dich was lernen lassen. Schulter zuckend ergab sich Ralf seinem Schicksal. Also lernen wir Spengler und Installateur.

Zuvor sollte aber noch die Konfirmation kommen. Die wollte Ralf aber nicht. Zuerst vom Pfarrer Schläge und Beleidigungen vor der Klasse und dann bei einem Festakt tun, als ob alles in Ordnung wäre. Man kann doch nicht an eine Religion glauben, die solche Vertreter hat, oder an einen Gott, der solche Schicksale zulässt.

Nun war Emilie eine fleißige Kirchgängerin. Vielleicht wollte sie dabei ihr Gewissen, falls sie eins hatte, erleichtern. Sie konnte es nicht zulassen, dass sie einen Atheisten in der Familie hat. Also ein paar Ohrfeigen und eine Schimpfkanonade wie die Trompeten von Jericho und Ralf war zur Konfirmation überredet.

Ralf bekam einen Anzug, heruntergesetztes Sonderangebot, und sein erstes weißes Hemd und musste Stolz darauf sein. Nach der Kirche sollten sich die Konfirmanden vor der Kirche treffen, um Fotos zu machen, es kam extra ein Fotograf. Leider regnete es wie aus Kübeln, es gab doch einen Gott, und die Jungs und Mädchen sollten um 15 Uhr an die Kirche kommen, um für die Fotos bereit zu stehen.

Konfirmation ist ein Familienfest, ein Emilies-Familie-Familienfest. Es waren alle da, alle die Ralf angeblich so sehr liebten. Von Ralfs echten Verwandten war keiner da, die wurden eben vergessen, der Platz im Haus war eh begrenzt, vielleicht sollte niemand den Chaotenhaushalt sehen, war auch besser so.

Ralf bekam sogar Geschenke, Blumenstöcke und Sammeltassen, kurz alles was ein Junge so braucht... Von den Pflegeeltern bekam er die Klamotten und die Feier geschenkt. Es kamen auch Briefe von den nicht eingeladenen Geschwistern von Ralfs Mutter. In jedem Brief war eine Karte mit Geld, mit viel Geld, zumindest in den Augen des Jungen. Natürlich wollte Emilie das Geld für den Jungen aufbewahren bis er groß ist. Ralf nutzte die Gunst der Stunde, Emilies Geschwister waren ja allgegenwärtig, er steckte das Geld in die Tasche und versprach es zusammenzuhalten. Ach ja, der Fototermin, eine gute Gelegenheit die Chaoten zu verlassen.

Ralf schlenderte Richtung Kirche, keine Lust auf Fotos, zumal sich der Pfarrer dazu stellen sollte, mit dem auf ein Bild: nie im Leben. Auf dem Weg zur Kirche traf Ralf noch drei Jungs, die ebenfalls keine Lust auf Fotografieren hatten. Geld hatten sie ja, sogar Ralf hatte, außer an der Kerwe, zum ersten Mal Geld dabei. Die Jungs trabten zur Bahnhofsgaststätte, um zu kicken. In der Gaststätte war der einzige Tischfußballapparat im Dorf. Ein Spiel zwanzig Pfennige und jede Menge Spaß. So kam es, dass auf dem Konfirmationsbild des Jahrgangs 45/46 vier Jungs fehlten.

Das erste eigene Geld. Ralf machte das, was er schon immer mal wollte: er kaufte zehn Mohrenköpfe, eine Mark nur für Mohrenköpfe, danach war ihm schlecht, aber er war zufrieden.

Partyhütte und schöne Zeiten

Hinter Hans' Haus befand sich ein großer Garten mit einem Holzhäuschen, das sich die Jungs zu einem Partyhaus umbauen durften. Mit acht Mann begannen sie die Renovierung. Franz besorgte roten und blauen Dekostoff. Er kannte jemanden vom Theater, der den Stoff kostenlos abgab. Der Vater von Hans stellte die Farben zur Verfügung.

Die Bude hatte eine Empore, die wurde mit Schaumstoff ausgelegt und mit Stoff bespannt. Das gab eine schöne Schlafstätte. Einer der Jungs lernte Elektriker, der verlegte Kabel für Steckdosen, Lampen und Schalter. Sie sammelten Lampen im Bekanntenkreis. Sie bezogen die Lampen mit bunten Stoffen, es sollte ja nicht so hell sein beim Feiern. Von Hans' Oma bekamen sie eine alte Eckbank und einige Stühle. Auch diese Teile wurden mit bunten Stoffen bespannt. Die Dekostoffe wurden bogenförmig an der Decke befestigt. Sie zimmerten eine Bar mit Spiegelregal dahinter. Ein Junge aus der Stadt besorgte sechs Barhocker und einen Ausziehtisch.

Der Partyraum wurde von Wochenende zu Wochenende schöner. Franz, der gute Beziehungen zu Amerikanern hatte, besorgte alte Playboyhefte. Die Mitte der Hefte zierte jeden Monat ein anderes Mädchen, natürlich oben ohne, Miss April oder Miss Oktober, für jeden Monat eine neue Miss. Die aufklappbaren Bilder konnte man herausnehmen. Die Bilder wurden im Raum verteilt, aber auch Bilder von Rockstars durften nicht fehlen. Vor der Hütte wurde ein Schwenkgrill montiert.

Hans, der lernte Schlosser, machte das Gestell, und Manfred der Maurer mauerte die Feuerstelle. Ralf verlegte eine Wasserleitung mit Peter zusammen direkt in die Hütte, wo sie hinter der Bar eine Spüle anschlossen, damit man auch das Partygeschirr spülen konnte. Hans' Vater stellte einen Ölofen zur Verfügung. Die Hütte war fertig und sah innen fast aus wie eine Bar.

Die Eltern von Hans kamen zur Besichtigung, sie wollten wissen, was die Jungs die ganzen Wochen so getrieben haben. Sie staunten nicht schlecht, was aus der alten Hütte so geworden war. Hans Mutter schaute auf die Bilder aus dem Playboy und meinte trocken zu ihrem Mann: schau dir mal die Sahneziegen an. Sind die nicht zu jung für so was? Ach, lass mal, meinte der Vater, oder glaubst du, die wissen nicht, dass zwei Paar Pantoffeln unterm Bett stehen? Am folgenden Samstag gab's die Einweihungsparty.

Die Hütte war brechend voll, sogar Hans' Eltern und seine große Schwester nahmen daran teil. Aus den Boxen drang laute Rockmusik, es gab Würstchen und Bier, alle waren happy, kurz, die Party war ein voller Erfolg. Es sollten noch viele tolle Feste folgen. Auch Sylvester wurde im Häuschen gefeiert. Auch die Liegewiese auf der Empore bestand die Schlaftests.

Hans' Vater verkaufte in der Vorweihnachtszeit Christbäume in der Stadt. Ralf und Hans halfen gerne dabei, denn es gab gutes Geld an den drei Wochenenden. Die Eltern von Hans hatten einige Waldgrundstücke, auf denen die Christbäume gezüchtet wurden. Die Jungs halfen beim Baumfällen, das kannte Ralf ja, aber hier musste er nicht helfen, er durfte und bekam noch Geld dafür. Beim Verkauf waren die Jungs am Umsatz beteiligt. Hans Vater gab einen Preis vor, was die Jungs mehr verlangten, durften sie behalten. Es war zwar kalt auf dem Verkaufsplatz, aber es wurde doch herumgealbert, und das Geld am Abend ließ alles vergessen.

Über diese Tage konnte sich Ralf so viel dazu verdienen, dass es für echte Lewis Jeans und die lang ersehnten schwarzen Slipper reichte. Ralfs Pflegeeltern wussten nichts von dem Geld, hätten sie es gewusst, hätten sie bestimmt das Taschengeld gestrichen. Hans Eltern sagten auch nichts, sie kannten die Situation in Ralfs Elternhaus und halfen dem Jungen, wo sie nur konnten. Wenn Emilie den Jungen fragte, woher hast du die Klamotten, sagte dieser, die habe ich von Hans' Mutter, weil ich geholfen habe. Dann sagte sie fast immer, ja für Fremde kannst du arbeiten, da hast du Zeit. Immer dieser Unterton, hatte er nicht schon genug für die beiden gearbeitet? Schon verdammt schwer, es jedem recht zu machen.

Wenn er bei sich bei Hans Eltern aufhielt und er war sehr gerne bei Hans, verglich Ralf im Geiste seine Eltern mit denen von Hans. Die Mütter waren figürlich fast gleich, beide Frauen waren sehr korpulent. Die Väter waren nur schwer zu vergleichen. Ralfs Vater Rudolf war hager, mit einem Bierbauch, während Hans Vater schon etwas fester gebaut war. Der Unterschied der beiden Elternpaare war ihr Wesen. Hans Eltern waren meist zum Scherzen aufgelegt, während Ralfs Eltern fast immer missmutig dreinschauten. Da alberte Hans Vater mit seinem Sohn rum oder seine Mutter nahm seinen Kopf drückte ihn an ihre große Brust, das war Hans zwar peinlich, aber Ralf beneidete ihn. Warum machten seine Eltern das nicht? Konnten sie Liebe nicht zeigen, hatten sie vielleicht von ihren Eltern keine Liebe bekommen?

Aber dem älteren Bruder konnten sie doch ihre Zuneigung zeigen. Vielleicht hatte Opa Benedikt doch recht mit seiner Meinung vom fünften Rad am Wagen. Vielleicht lag es auch an der Bildung der Eltern. Hans Eltern waren geschäftstüchtig. Im Sommer und Herbst kauften sie Beeren und Pilze von den Leuten, um sie auf dem Wochenmarkt in der Stadt zu verkaufen. In der Weihnachtszeit wurden Christbäume verkauft. Dann hatten sie noch eine Hühnerfarm, verkauften die Eier und Schlachthühner. Nicht zu vergessen die Ölöfen und Öltanks, mit den sie einen Handel betrieben. Sie konnten auch Hans während seiner Schulzeit bei den Hausaufgaben helfen. Bei Ralfs Eltern war es total anders. Rudolf war Bauhilfsarbeiter und nicht der Hellste. Er verdiente nicht allzu viel und ein Teil davon wurde noch versoffen. Emilie war Hausfrau und putzte zweimal die Woche in einer Bäckerei in der Stadt. Da konnte man das Pflegegeld für Ralf gut gebrauchen.

Ralf hatte nie erlebt, dass Hans von seinen Eltern angeschrien oder gar geschlagen wurde, solche Eltern hätte Ralf auch gerne gehabt. Sogar als Hans einmal eine Klasse wiederholen musste gab's keinen Ärger. Seine Eltern meinten nur, kann ja mal passieren. Ralfs Pflegeeltern mussten beide die Klasse wiederholen, der Vater sogar zweimal, aber Ralf drohte man Schlimmes an im Fall einer Wiederholung. Rudolf war fast jeden Freitag betrunken und machte Ärger. Wenn Hans' Vater mal was trank, war er lustig und spendabel. Es war auch sehr sauber in Hans' Elternhaus, nicht so schmutzig und chaotisch wie in dem Elternhaus von Ralf. Obwohl die Eltern der Jungs fast gleichaltrig waren, waren ihre Ansichten und Lebensweisen total verschieden. Ralf orientierte sich an den Ansichten und Lebensweisen von Hans' Eltern, das waren echte Vorbilder.

Wen Ralf nie verstand, war seine Pflegemutter. Sie musste und konnte nicht immer so bösartig gewesen sein. Wenn sie von früher erzählte, aus der Zeit als Ralf noch ein Baby war, und wie sie sich später benahm, das passte nicht zusammen. Ralf wäre ein sehr krankes Kind mit Mangelerscheinungen gewesen, mit dem sie oft in die Stadt zum Arzt musste und das eine spezielle Ernährung und viel Pflege brauchte, ein Kind, das alle möglichen Kinderkrankheiten hatte, das zunächst einige Wochen laufen konnte aber dann, krankheitsbedingt, erst wieder mit dreieinhalb Jahren langsam das Laufen neu erlernte. Diese Leistung kann doch nur eine gute Mutter vollbringen. Diese Mutter hat Ralf nie bewusst kennen gelernt. Dass die Geschichte von Ralfs Babyalter stimmt, hatten auch der Bruder und der Nachbar erzählt. Warum sie diese Liebe nicht mehr geben konnte, als der Junge das Leben bewusst wahrnahm, konnte keiner erklären. Ging es ihr vielleicht wirklich nur um das Pflegegeld?

Lehrjahre

Ein neuer Lebensabschnitt in Ralfs Leben begann mit der Lehre. Lehrjahre sind keine Herrenjahre. Diese heute abgedroschene Weisheit bekam er schneller zu spüren, als ihm lieb war. Ralf war noch nie alleine in der Stadt gewesen und jetzt sollte er jeden Tag dahinfahren, mit dem Zug, das hieß früh aufstehen, eine halbe Stunde Fußmarsch zum Bahnhof und vom Bahnhof der Stadt eine halbe Stund Fußmarsch zum Lehrherrn. Die erste Fahrt begleitete ihn Emilie. Vom Konfirmationsgeld musste sich Ralf einen Arbeitsanzug und Arbeitsschuhe kaufen. Die Bahnkarte kostete 40 Mark im Monat, die bezahlte Emilie vom Monatslohn des Jungen. Er musste den Lohn abgeben und bekam eine Mark Taschengeld pro Woche.

Der Lehrherr war eigentlich ein guter Mensch, hatte fünf Kinder und war auch noch Innungsmeister und streng katholisch. Die Werkstatt war direkt neben dem Wohnhaus des Chefs, also standen die Mitarbeiter immer unter Kontrolle. Die Werkstatt war alt und dunkel, auch die Werkzeuge hatten schon bessere Zeiten erlebt. Zum Waschen diente ein altes Waschbecken und ein Stuhl zur Ablage der Arbeitskleidung. Ralf war zu dem Zeitpunkt der einzige, der sich vor der Arbeit umziehen musste, die beiden Gesellen, Peter und Heinz kamen schon in Arbeitsmontur, weil sie in der Nähe der Firma wohnten. Heinz war der Ältere, auch der strengere. Peter hatte in dem Betrieb gelernt und war im zweiten Gesellenjahr. Beide waren groß und kräftig, während Ralf eher schmächtig war. Mit der Lehre begann auch die Berufsschule. Ralf ging gerne in die Berufsschule, das bedeutete keine Arbeit, keine Schimpfe und früh Feierabend. In der gleichen Berufsschulklasse traf er einen Jungen aus dem Dorf, mit dem er schon den Kindergarten und die Volksschule besucht hatte. Es war einer der Jungs, die auf dem Konfirmationsbild fehlten.

Die Lehre war eine Tortur für Ralf, wenn was nicht klappte, er war immer Schuld. Fast wie zu Hause. Besonders Heinz hatte ihn auf dem Kieker. War der Durchbruch zu klein, passte das Gewinde nicht, Ralf war Schuld. Jeden Samstag musste Ralf die Werkstatt aufräumen, den Hof und den Bürgersteig des Chefs kehren und wenn alles fertig war, durfte er um zwei Uhr Feierabend machen. Werktags musste er von sieben bis siebzehn Uhr arbeiten.

Am meisten hasste der Junge Neubauten, besonders im Winter. Da war es kalt, die Finger blieben fast an den Rohren kleben. Auch Schlitze mit Hammer und Meißel klopfen, verfluchte er, denn öfters traf der Hammer die Hand statt den Meißel. Schlimm waren auch die Deckendurchbrüche mit Hammer und Meißel. Ralf musste den Meißel halten, während einer der Gesellen mit einem Vorschlaghammer, weit ausholend auf den Meißel haute.

Weil Ralf bei jedem Schlag zusammenzuckte, bekam er von den Schlagenden immer eine Schimpfkanonade mit, bei Schimpfen kam ihm Emilie in den Sinn und die Tränen flossen. Mensch ein Kerl weint doch nicht, du bist doch keine Memme, sei ein Mann. Das waren so die Kommentare der Gesellen und des Chefs. Die kannten ja nicht die Geschichte des Jungen, vielleicht würden sie diese Geschichte auch gar nicht glauben.

Im Laufe der Zeit wurde der Bart des Meißels immer breiter und die Angst des Jungen bei den Schlägen größer. Als er den Gesellen auf den breiten Bart hinweisen wollte, lachte dieser ihn aus, Memme. Es kam wie es kommen musste, beim nächsten Schlag löste sich ein Teil des Barts und bohrte sich in den Daumenballen des Jungen. Es begann sofort zu bluten und die Wunde öffnete sich, vom Bartteil war nur ein kleines Stück zu sehen. Es tat verdammt weh, nicht weinen, bin keine Memme.

Heinz schaute sich die Wunde an, holte ein sauberes Tuch aus seiner Tasche und wickelte es um die Hand des Jungen. Gemeinsam fuhren sie zum Unfallarzt, Wunde säubern, klammern, Spritze in den Po, das alles kannte Ralf schon. Sollte es in der Lehre so weitergehen wie in der Schulzeit? Es sollte sich kaum was ändern, der Junge zog das Unglück regelrecht an. Nach zwei Wochen konnte Ralf die Arbeit wieder aufnehmen. Ralf musste immer die Dreckjobs machen – Lehrjahre sind keine Herrenjahre – fast so wie früher „nach der Reise kommt das Ziel“.

Einmal sollte ein Rohr vom Erdgeschoss in den Keller verlegt werden. Ralf stand auf der Leiter im Keller und sollte darauf achten, dass das Rohr von oben in das Gewinde geschraubt werden kann. Oben versuchte Heinz das Rohr in den Winkel, der in der Wand war, zu schrauben. Irgendwie hielt Heinz das Rohr schief oder der Winkel zeigte nicht genau nach oben. Heinz schrie und tobte von oben nach unten, Ralf schwitzte und versuchte vergebens, das von oben kommende Rohr gerade aufzusetzen, es klappte nicht. Mit hochrotem Kopf erschien Heinz im Keller und bevor sich der Junge versah, hatte er eine Hand im Gesicht. Der Schlag haute ihn glatt von der Leiter. Zitternd saß er auf dem Hosenboden und schaute mit großen Augen auf die mächtige Gestalt des Gesellen. Hätte ich doch nur Dekorateur gelernt. Am Abend erzählte er den Pflegeeltern von dem Schlag. Ihr Kommentar, dann hast du sicher was ausgefressen. Von diesem Tag an berichtete er nie mehr von den Misslichkeiten auf der Arbeit.

Ein Spengler musste auch Dachrinnen fertigen können, dabei wurde gelötet. Die beiden Gesellen sagten zu Ralf, jetzt bekommst du die Spenglertaufe. Beide packten den schmächtigen Jungen, hielten seine linke Hand fest, wie ein Schraubstock, jetzt der Lötkolben und Lötzinn, das flüssige Zinn tropfte auf den Handrücken von Ralf, was für ein Schmerz. Lachend ließen sie ihn los, jetzt bist du Spengler. Und kein Wort zum Chef!

Ich krieg die Lehrzeit rum, besteh' meine Prüfung und dann bin ich weg. Diese Gedanken machten Ralf stark.

Es gab auch schöne Momente, meistens bei kleinen Reparaturen, einen Gasherd anschließen oder ein Ofenrohr verlegen. Da gab es meistens ein Trinkgeld, Geld von dem Emilie nichts wusste.

Bei einer Dachrinnenreparatur waren Peter und Ralf bei einem älteren Herrn. Beim Fertigstellen der Arbeit kam er mit einer Flasche Schnaps, mit zwei Gläsern und sagte, hier Jungs trinkt, ich habe genug davon, darf leider nichts trinken und mache mit dem Zeugs Feuer an. Ralf hatte nie zuvor Schnaps getrunken, wollte aber keine Memme sein.

Peter schenkte die Gläser voll, Prost und Ex. Ralf dachte, die Kehle brannte durch, und dann das Feuer im Magen. Und noch eins. Und weiter, die Flasche muss leer werden. Es war noch früh am Nachmittag, der Zug geht erst um achtzehn Uhr. Und noch ein Glas. Die Zunge wurde schwer, es kribbelte überall am Körper, und noch eins. Ein Mann kann das, eine Memme nicht, und noch eins. Irgendwann war die Flasche leer. Gemeinsam verließen der Geselle und der Lehrling das Haus, um sich in Richtung Werkstatt zu begeben. Beide hielten sich am Handkarren, in dem sich das Werkzeug und ein paar Bleche befanden, fest. Der Bürgersteig war gerade breit genug um die beiden wankenden, kichernden Gestalten mit dem Karren aufzunehmen. Die entgegenkommenden Menschen machten einen weiten Bogen um das seltsame Gespann. Auf dem Weg zur Werkstatt kamen sie auch an Peters Wohnhaus vorbei. Du kennst ja den Weg, es ist sowieso Feierabend, also bis morgen, und weg war er.

Ralf versuchte krampfhaft gerade zu laufen, aber irgendwie schienen die Häuser magnetisch zu sein, immer stieß er mit dem Karren oder der Schulter irgendwo an. Irgendwann traf er in der Werkstatt ein, schnell den Wagen in die Werkstatt, ausräumen kann man morgen. Arbeitsklamotten ausziehen, zwischendurch festhalten, Hände waschen, nur nicht dem Chef in die Arme laufen.

Kaum zu Ende gedacht, stand der in der Tür. Wo ist Peter? Seid ihr fertig geworden? Wie aus der Ferne vernahm Ralf die Stimme des Chefs. Gerade stehen, gar nicht so einfach, am Stuhl festhalten. Versuchen, klar zu sprechen. Pppeter ist schon heim und fffertig sind wir auch. Jetzt bloß nicht lachen oder grinsen, grinsen mag der Chef nicht. Aber es nicht zu tun, fällt in diesem Moment schwer, also lachen und grinsen und versuchen die Haare einhändig zu kämmen.

Sag mal, hast du getrunken? Du bist gerade mal sechzehn. Vielleicht ein wenig, aber der Peter wollte, dass ich ihm helfe, beim Trinken. Jetzt mach dich fertig und versuch gut zum Zug zu kommen, wir reden morgen. Der Zug war jeden Abend gut gefüllt, sogar in den Gängen standen die Leute. Da der Junge immer auf den letzten Drücker zum Zug kam, musste er meistens stehen. Es waren ja nur elf km und eine Station zum Dorf.

Elf Kilometer können lang sein, sehr lang, besonders wenn einem so schlecht ist. Irgendwie waren die Leute im Zug so komisch, die Gesichter verzerrt, wie in der Froschperspektive, die Stimmen schienen aus der Ferne zu kommen und der Boden fühlte sich an als wäre er aus Watte oder man steht auf einer Luftmatratze.

Jetzt wurde es ihm auch noch schwindlig, das Essen vom Nachmittag muss wohl was gehabt haben. O je, sich übergeben? Hier vor all den Leuten? Das machen nur Memmen. Plötzlich werden die Backen dick, drin behalten. Ernste Augen starren den Jungen an, eine Gasse bildet sich, woher kommt der Platz in dem sonst so vollen Gang? Egal, die Toilette ist am Ende des Gangs, spurten, mit der Hand den Mund gut zuhalten, Tür aufreißen, Deckel hoch und schon verlässt die Gulaschsuppe die prallen Backen. Kalter

Schweiß auf der Stirn, immer noch das Schwindelgefühl, hinsetzen, warten bis der Zug hält, warten bis alle ausgestiegen sind, dann schnell hinaus und versuchen einigermaßen ohne Schulterverletzung nach Hause zu kommen. Tür rein, Taschentuch vors Gesicht, n'Abend murmeln. Mir ist nicht gut, geh gleich ins Bett, nein kein Hunger. Gute Nacht. Ausziehen hinlegen, Augen zu und schnell wieder aufstehen. Warum dreht sich das Bett? Immer noch Gulaschsuppe, raus damit in den Nachttopf. Das war die schlimmste Nacht, die Ralf je erlebt hatte.

Nie wieder Alkohol. Wie sein Pflegevater das jeden Freitag nur schafft. Lange Zeit rührte der Junge keinen Schnaps mehr an, alleine der Geruch ließ ihn schon würgen. Am nächsten Tag bekam Geselle Peter vom Chef eine Standpauke gehalten.

Fastnacht und der Blinddarm

Es war Fastnacht, die Zeit in der die Jungs sich maskierten und zum Tanz gingen. Es begann am schmutzigen Donnerstag und endete am Faschingsdienstag. Dass es eine besondere Faschingszeit werden sollte, wusste Ralf am Rosenmontag noch nicht.

Zunächst war Ralf als Indianer verkleidet, was auch bei den Prämierungen gut ankam, immerhin bekam er eine Flasche Sekt, die er selbstverständlich mit seinen Kumpels teilte. Am Faschingsdienstag wollte er mal was anderes darstellen. Der Vater von Hans hatte eine Idee. Du gehst als Sarottimohr, ich habe die Klamotten dafür. Zunächst rieb sich Ralf das Gesicht mit Creme ein, während der Vater von Hans eine Zeitung verbrannte. Er verrieb die schwarzen Reste in seinen Händen, dass diese richtig schwarz wurden. Mit diesen schwarzen Händen rieb er durch Ralfs Gesicht, bis das Gesicht schwarz war. Jetzt von Hans' Mutter einen Lippenstift geborgt, um die Lippen Ralfs zu schminken. Jetzt sah er tatsächlich so aus wie der Mohr auf der Schokolade. Ein Turban verstärkte diesen Eindruck.

Gemeinsam mit Hans, der wie immer als Cowboy verkleidet war, begaben sich die Jungs ins Tanzlokal in den Nachbarort. Auf dem Weg dahin begegneten sie Ralfs Bruder, der lief an Ihnen vorbei, ohne Ralf zu erkennen. Nach dem zweiten Tanz bekam Ralf plötzlich furchtbares Seitenstechen. Kommt bestimmt vom Tanzen, dachte er, zurück zum Tisch, durchatmen, wird schon werden. Leider wurden die Schmerzen immer stärker, es kamen Schweißausbrüche hinzu, die Mohrenfarbe verlief im Gesicht. Er sah furchtbar aus. Der Wirt und die Bedienung kamen hinzu, um sich besorgt nach seinem Befinden zu erkunden. Aufstehen war unmöglich, dieser stechende Schmerz. Sie riefen den Notarzt, der kam auch recht schnell. Er untersuchte Ralf kurz und meinte knapp: Blinddarm, sofort ins Krankenhaus. Da kamen sie schon, zwei Sanitäter mit einer Trage mit Rädern. Jetzt liefen bei Ralf die Tränen wegen der Schmerzen, wegen des versauten Faschingtags. Warum immer ich, dachte er.

Sag bitte Emilie Bescheid, konnte er noch Hans zurufen, dann schloss sich die Tür des Saniwagens. Mit tatü –tata ins Krankenhaus der Stadt. Dort angekommen wurde er sofort ins Untersuchungszimmer gefahren. Sanitäter und Arzt tauschten ein paar Worte. Die Sanitäter gingen und der Arzt wandte sich dem Jungen zu, der auf einer Pritsche lag. Er schob ihm sein Hemd hoch, zog die Hosen etwas nach unten und tastete langsam den Bauch des Jungen ab. Tut das weh? – fragte er, den ängstlich hochblickenden Jungen. Nee, antwortete Ralf, dann plötzlich, der Doktor drückte gerade seine Fingerspitzen in die Seite, ein Schmerz, schlimmer als Zahnschmerzen, durchfuhr Ralf. Er schrie Aua, das tut weh. Gut, sagte der Doktor, drehte sich zu einer Schwester um und sagte: fertigmachen zur OP, Blinddarmdurchbruch.

Die Schwester war eine ältere, grauhaarige, dünne Person. So stellt man sich die Stiefmutter von Schneewittchen vor, Ralf hatte Angst vor ihr. Sie zog ihm die Schuhe, Socken, Hose und Hemd aus, natürlich auch den Turban. Alles packte sie in einen blauen Plastiksack. Jetzt lag er da, nur in Unterhose, zitternd und verfolgte mit den Augen jeden Schritt und jede Bewegung der dürren Schwester. Sie brachte eine Schüssel mit warmem Wasser, einen Waschlappen und Seife zur Liege, los, Gesicht und Hände waschen, mit einem Ton, den er nur von Emilie kannte. Also wusch er sich die Farbe ab. Plötzlich kam sie mit einem Rasierpinsel und einer kleinen Wasserschale, Seife und einem Messer, so ein Rasiermesser, wie es der Dorffriseur auch hatte. Was will die Hexe mit dem Messer?

Mit dem Rasierpinsel, den sie zuvor in das Wasser tauchte, strich sie über die Seife, solange bis ein Schaum entstand. Hosen runter. Der Blick ließ keinen Widerspruch zu, also zog er zögernd die Unterhose nach unten. Ganz ausziehen. Jetzt lag er nackt vor dieser schrecklichen Gestalt und schämte sich seiner Nacktheit, dem Geier schien es zu gefallen. Die Schmerzen, die Scham, der Geier, der Junge fühlte sich schlecht, sauschlecht. Die knochige Hand mit dem Pinsel näherte sich seiner Schambehaarung. Sie schwang den Pinsel wie Opa, wenn er mit der Malerbürste sein Zimmer strich. Schnell hin und her bewegen, dass der Schaum nur so spritzte. Sein Geschlechtsteil sah nun aus wie unter Zuckerwatte versteckt. Jetzt kam das Messer. Mit der einen Hand hielt die Hexe den Penis fest, während die Messerhand mit dem Messer sämtliche Haare entfernt, dabei war er stolz auf seine Haare da unten, denn nur mit Haaren unten bist du ein Mann, sagten die großen Jungs immer.

Mit dem Handtuch abreiben, ein weißes Hemd, das hinten offen war, überstreifen und in den OP schieben. Sie hoben ihn auf eine andere Liege, die unter einer großen, hell leuchtenden Lampe stand. Der Raum füllte sich mit Menschen in grünen Anzügen, bunten Mützen und Mundschutz. Einer kam mit einer Spritze und einem Band. Das Band wurde um den Oberarm des Jungen gebunden und dann stach der grüne Mann in eine Vene und das Blut lief in die Spritze, Spritze rausziehen Heftpflaster drauf, fertig. Nun wurde eine Gasflasche ans Bett gefahren mit Schlauch und einer Art Maske. Die Maske aufs Gesicht drücken und langsam von fünfzig nach unten zählen aber laut. 50 49 48 39 37 die Zunge wurde immer schwerer, die Stimme leiser. Dann schlief er ein.

Irgendwann wurde er wach, mit einem üblen Geschmack im Mund. Wo bin ich, dachte er, wer ist der Mann im Nachbarbett? Er lag in einem Krankenzimmer unter einer schönen weißen Bettdecke. Es roch etwas komisch im Zimmer, der Geruch war undefinierbar. Na – aufgewacht fragte der Mann vom Nebenbett. Er war schon älter mit einem gestreiften Schlafanzug und unrasiert, irgendwie nicht so sympathisch. Was haben die eigentlich gemacht, dachte Ralf und schob die Bettdecke nach unten. Der Bauch war rot und ein großes Pflaster mit Mull darunter zierte seine rechte Bauchseite. Es tat nicht weh, aber der plötzlich auftretende Durst plagte. Die dürre Schwester betrat das Zimmer und brachte Pillen ans Bett des Jungen, los eine schlucken. Ich habe Durst klagte Ralf. Du darfst jetzt noch nicht trinken so kurz nach der OP, ich will aber mal nicht so sein und reichte dem Jungen ein Schnapsglas mit Tee. So viel Durst und ein Fingerhutvoll Tee, echt grausam, die Alte.

Eine Schwester mit einem Essenwagen kam ins Zimmer, ach ja Hunger habe ich auch, dachte Ralf. Der alte Mann bekam einen Teller mit Deckel drauf. Sie wollte das Zimmer wieder verlassen. Halt, rief der Junge, sie haben mich vergessen. Nein, junger Mann, nicht vergessen. So kurz nach der OP gibt es nichts zu essen. Was ist denn das für eine Klinik, wo der Patient hungern und dürsten muss?

Die Nacht war furchtbar. Hunger, noch mehr Durst, ein schnarchender Nachbar und die Schmerzen kamen. Sechs Uhr in der Früh: unsanftes Wecken. Hatten sie Stuhlgang? Eine vollbusige Schwester stellte emotionslos die Frage. Wollen schon, dachte Ralf, aber aufstehen klappte nicht. Nee, sagte er, ich gehe aber gleich. Es war eine Notlüge. So Mund auf und Fieber messen. Sie machte ein paar Notizen auf einen Bogen, der auf ein Brett geklemmt war. Mit einem „schönen Tag noch" verließ sie das Zimmer. Der Alte schälte sich aus seinem Bett und begab sich laut furzend zur Toilette. Er murmelte noch, was man nicht halten kann, und zog die Tür hinter sich zu.

Das Frühstück kam: Kaffee und Brötchen für den Alten und Tee, eine ganze Tasse für den großen Durst, und ein Schälchen Griesbrei für Ralf. Die wollen mich umbringen oder für irgendetwas bestrafen, da steckt bestimmt die Rasierhexe dahinter. Irgendwann kam Emilie schnaufend und schwitzend ins Zimmer. Sie schnaufte immer, wegen der Masse, die sie bewegen musste. Du machst ja tolle Sachen, statt: wie geht's dir? oder mal umarmen. Typisch Pflegemutter. Jetzt muss ich auch noch bei deinem Chef vorbei, weil ich sonst keine Arbeit hätte, nuschelte sie. Nach einer halben Stunde, ihm kam es vor wie viele Stunden, walzte sie aus dem Raum. Kein mach's gut oder so. Am Abend gab's endlich was Festes zum Essen und diesen Tee.

Der nächste Morgen sechs Uhr: Stuhlgang? Ja – natürlich. Nee, der lügt, knurrte der Alte vom Nachbarbett, ich hätte das bemerkt. Wenn es bis heute Abend nicht klappt, müssen wir einen Einlauf machen, schmunzelte sie und verließ nach dem Fiebermessen den Raum.

9 Uhr Visite. Einige Weißkittel betraten das Zimmer, darunter auch einige Studenten, die Hexenschwester und ein Doktor. Der Doktor fragte Ralf, wie es ihm ginge, und zog dabei das Heftpflaster vom Bauch, mit einem Ruck. Aua, rief Ralf. Ach das ist doch gar nicht so schlimm, lächelte der Doktor. Der hat gut grinsen, ist ja nicht sein Bauch. Na, das sieht doch gut aus, und alle beugten sich über den Jungen, um die Wunde zu begutachten. Zum ersten Mal sah der Junge, was die Ärzte gemacht hatten. Da war ein großer, jodroter Fleck und eine Wunde, die mit glänzenden Klammern zusammengehalten wurde. Klammern wie er sie schon öfter in seiner Kindheit im Körper hatte. Die Wunde heilte gut ab, bis auf den unteren Teil, da kam etwas Wässriges raus. Er sollte am nächsten Tag entlassen werden, er wollte auch raus aus dieser Anstalt, also durfte keiner was von der Leckage merken.

Die Klammern sollte der Hausarzt entfernen. Der Tag der Entlassung kam. Na endlich. Der Drache in Uniform schaute noch kurz rein. Da sagte der Alte: Dem seine Wunde suttert. Die Hexe zog die Decke weg und schaute auf die Wunde. Nix mit heimgehen, mein Junge, da muss der Arzt noch mal schauen. Das nässende Stück wurde behandelt. Jetzt musste er noch eine Nacht in dieser Folterkammer neben der Schnarchnase verbringen. Schuld war nur die Schwesterhexe. Der Tag der Entlassung kam, und ein Krankenwagen brachte den Jungen ins Dorf. Der alte Hausarzt, der Ralf schon öfter verarztet hatte, entfernte die Klammern. Eine Woche später musste Ralf wieder arbeiten.

Rotlichtmilieu

Früh morgens fuhr Ralf mit dem Chef in ein als anrüchig bekanntes Stadtviertel. In einem der Häuser sollte ein Gasheizkörper montiert werden. Der Chef ging vornweg und klingelte an der Tür. Ralf, der hinter ihm stand, sah, wie eine etwas mürrisch blickende Frau in einem seidenen Morgenmantel die Tür öffnete und mit einer rauchigen Stimme fragte: Ja, was wollen sie denn jetzt schon hier? Sie war etwas dicklich, die Haare hingen wirr im Gesicht und die Augenränder waren vom schwarzen Lidstrich verschmiert. Es sah aus wie ein blaues Auge nach einem Boxkampf oder wie die Augenpartien eines Waschbären. Wir müssen einen Gasheizkörper installieren, Befehl vom Hausherrn. Kommt halt rein, zischelte sie und schlurfte vor den Installateuren ins Haus.

Der Chef drehte sich zu Ralf um, los hol schon mal das Werkzeug, und lief dem Morgenrock nach. Der Lehrling lief zum Passat und holte die Werkzeuge und ging zurück ins Haus, den Stimmen nach. Er betrat den Raum, aus dem die Stimme des Chefs kam. Er hörte ihn sagen: Mädels ich habe einen Jugendlichen dabei, seid anständig.

In dem Zimmer standen drei Betten, ein Sofa mit zwei Sesseln und ein großer Kleiderschrank. Überall lagen Kleidungsstücke und Schuhe rum und es roch nach Rauch, Alkohol und Parfüm. Der Raum war nicht sehr hell, obwohl die Rollläden oben waren, es war Spätherbst und noch dunkel draußen, die schwache Birne unter dem roten Lampenschirm war nicht in der Lage, den Raum heller auszuleuchten. Wir holen jetzt den Heizkörper, und sagen sie den Mädels, sie sollen aufstehen, es kann laut werden, sagte Herr Lorenz, so hieß der Chef, zu dem Waschbären. Der Vergleich gefiel Ralf am besten. Erst jetzt sah Ralf die Wuschelköpfe, die in den Kissen der Betten vergraben waren, die Bettdecken hochgezogen, dass man nur Haare sah. Es war ziemlich kalt im Zimmer. Sie gingen zum Wagen und holten den Heizkörper und trugen ihn ins Zimmer, die Betten waren immer noch belegt. Zurück die Ofenrohre holen, Gips und Spachtel nicht vergessen und zurück ins Muffelzimmer. Inzwischen kam auch Peter mit dem Fahrrad hinzu und sah sich grinsend und genüsslich um. Ihr wisst, was zu tun ist, ich komme später zurück, fahre jetzt auf die andere Baustelle, sagte der Chef und verschwand.

Inzwischen hatte sich auch der Waschbär zurückgezogen. Geselle und Lehrling waren mit den drei Gestalten in den Betten alleine. Die drei Wuschelköpfe bewegten sich nicht, nur die ruhigen Atemzüge zeugten von Lebewesen in dem Kissen, und Bettdeckenwust. Peter sagte zu Ralf, du gehst ins Bad, da ist der Schornstein, und machst das Loch für das Ofenrohr, ich installiere den Heizkörper. Der Schlawiner will mit den Mädels alleine sein, dachte Ralf und begab sich mit Hammer und Meißel ins Bad. Der Gips, der Eimer und die Spachtel waren schon dort. Der Kamin befand sich hinter der Badtür, also Tür zu, Leiter aufstellen, Loch anzeichnen und mit dem Fäustel auf den Meißel hauen, es schallte durch das Haus. Die armen Mädchen, die stehen bei dem Krach bestimmt senkrecht auf dem Bett, und der glückliche Peter bekam bestimmt was zu sehen.

Nach zwanzig Minuten Krach war das Loch groß genug und das Futter konnte eingegipst werden. Diese Ruhe, vom Nebenzimmer keine Geräusche, die hatten einen Schlaf. Leiter runter, Gips anrühren, Leiter rauf, den Gips um das Futter schmieren und das Ganze ins Loch schieben. Ein Schlag gegen die Leiter, festhalten.

Die Badtür schlug gegen die Leiter und ein Gesicht, auch im Waschbärdesign schaute ins Bad. Jetzt kam der Rest des Kopfs ins Bad, was für ein Anblick. Sie war trotz der schwarz bemalten Augen hübsch, vielleicht fünfundzwanzig Jahre alt und das Babydollgewand zeigte mehr, als es verbarg. Ralf wusste gar nicht, wo er hinschauen sollte. Er stotterte nur, ich bin gleich fertig, kann nicht warten, sonst wird der Gips hart. Mach nur weiter, sagte sie mit einer Stimme, die die Röte im Gesicht des Jungen noch verstärkte, und begab sich zum Waschbecken. Die Spachtel in der Hand zitterte, als der Junge die Wand um das Futterrohr mit dem Restgips glatt putzte. Die Hand zitterte, weil das Wasser im Waschbecken rauschte und das Geräusch der Zahnbürste in einem Mund ihn nervös machte.

Ein Seitenblick schräg nach unten, er stand immer noch auf der Leiter, ließen die Knie schlottern, da stand die Nymphe nackt, wie Gott sie schuf. Zum ersten Mal im Leben eine junge Nackte, die war nicht mit der Pflegemutter vergleichbar. Lächelnd schaute sie zu ihm auf. Na Kleiner, keine Angst, ich beiße nicht. Du hast doch sicher schon mal so was gesehen oder? Wenn nicht siehst du es früher oder später bestimmt. Sein Hals war trocken, das Blut klopfte in den Schläfen und seine Hände wussten nicht, wie lange sie den Eimer noch halten konnten. Provozierend langsam streifte sie sich das durchsichtige Etwas über und verließ grinsend das Bad.

Peter wollte anschließend wissen, was im Bad so ablief. Ralf war so verlegen und konnte nur stammeln und keine klaren Worte von sich geben. Abends in der Werkstatt erzählte Peter jedem der Anwesenden, Ralf hat seine erste Nackte gesehen und nix gemacht. Ich habe nie so ein Glück.

Im Kloster und im Gefängnis

Das zweite Lehrjahr begann, und Emilie erhöhte das wöchentliche Taschengeld auf zwei Mark. Zwei Mark die Woche und die Zigaretten begannen zu schmecken. Um an mehr Geld zu kommen, musste Ralf nebenbei jobben. Abends und an den Wochenenden auf dem Bau helfen oder das Dorfblatt austragen. Für Kleidung musste er seinen Urlaub auf dem Bau oder beim Bauern verbringen. Sonntags fuhren die Jungs per Autostopp in die Stadt, wenn keiner hielt, mussten die elf Kilometer gelaufen werden. Ab vier Uhr hatten die Tanzlokale geöffnet für die Jugendlichen unter achtzehn. Bis zwanzig Uhr durften sie bleiben, dann kamen die Kontrollen des Jugendamts. Es wurde getanzt, oft spielten Bands oder ein DJ legte Platten auf. Sie tanzten Twist, Madison, Slop und Blues.

Blues hatte Ralf noch nie getanzt, er genierte sich, ein Mädchen aufzufordern. Er hatte Angst, einen Korb zu bekommen, und schämte sich für seine nassen, zitternden Hände, auch mit der Sprache wollte es nicht so klappen. Sah ihn mal eine direkt an, dann begann er zu stottern und die Röte zog sich vom Hals bis zu den Haarwurzeln. Ja, er wurde rot, obwohl er einen braunen Teint hatte. Bei den offenen Tänzen hatte er keine Probleme, man musste nicht sprechen und konnte in der Gegend rumschauen, ohne dem Blick der Tanzpartnerin zu begegnen.

In der Stadt gab es auch ein Kloster, das von Mönchen in braunen Kutten bewohnt war. Ralfs Chef war ein gläubiger Katholik und bekam vielleicht deshalb den Auftrag, in einzelnen Zellen Waschbecken zu installieren. Ralf hatte noch nie ein bewohntes Kloster von innen gesehen. Mit dem Chef fuhr er ins Kloster, um von ihm in der Arbeit unterwiesen zu werden. Es roch schon seltsam in den Gängen, fast wie auf der Bahnhofstoilette. Der Großhändler brachte die Waschbecken und das Installationsmaterial. Ralf begann mit der Arbeit und schaute dabei immer verstohlen auf die Herren in den Kutten.

Der erste Tag verlief ohne besondere Vorkommnisse. Am zweiten Tag wurde er von einem älteren Kuttenträger angesprochen. Na, woher kommst du denn? Bist du Deutscher? Ralf war sichtlich erstaunt über diese Fragen, gab aber bereitwillig Antwort. In den nächsten Tagen wurde er immer wieder von diesem Mönch angesprochen. Er war ziemlich groß und hager und hatte irgendwas in den Augen, was Ralf nicht einzuordnen wusste. Ralf aß sein Pausenbrot immer in einer der Zellen, in denen er gerade arbeitete. Irgendwann bat der Mönch Ralf, ihn in die Klosterküche zu begleiten. Die Küche war riesig und düster. Irgendwo in einer Ecke hantierte eine ältere Frau mit Töpfen. Ein dicker Mönch mit brauner Kutte und weißer Schürze begrüßte den Hageren und den Jungen überschwänglich. Na wen hat uns Bruder Gärtner hier gebracht? und schaute dabei auf den kleinen Lehrling.

Der Junge durfte an dem groben Tisch Platz nehmen, die Frau brachte ihm einen Teller mit Suppe, ausgerechnet Suppe. Ralf mochte eigentlich keine Suppe. Jetzt saß er da und schlürfte mit zitternder Hand das warme Etwas. Die Suppe sah aus wie sie schmeckte. Die beiden Mönche saßen rechts und links von Ralf und beobachteten ihn beim Löffeln, wie die Katze bevor sie die Maus frisst. Beide redeten jetzt abwechselnd auf Ralf ein, leise, damit die Frau nichts hören konnte. Na, mein Guter, hast Du schon eine Freundin? Ralf verneinte die Frage und wurde natürlich wieder rot, die Nähe der Beiden war ihm unangenehm. Er schaute auf seine Uhr und mit einem, „mein Mittag ist um und danke für die Suppe", begab er sich wieder an seine Arbeit.

Irgendwann im Laufe des Nachmittags brachte ihm Bruder Gärtner eine Packung Zigaretten vorbei. Am nächsten Mittag sollte er wieder in die Küche kommen, es gäbe Schnitzel. Die Gespräche mit den beiden Mönchen wurden immer intimer. Sie wollten wissen, ob Ralf schon geküsst hat, wie es mit dem Sex aussähe. Ralf war schon verwundert über die Fragen, solche Dinge wurden nur im Freundeskreis besprochen, vielleicht noch mit Peter, dem Gesellen. Nach jedem dieser Gespräche gab es eine Packung HB. Das waren Ralfs Lieblingszigaretten. Als der Junge merkte, dass er, wenn er viel über Mädchen und Sex erzählte, Zigaretten bekam, erfand er Geschichten. Naja er erzählte, was er gerne selbst erlebt hätte. Natürlich haben diese Gespräche seine Meinung über die Kirche geprägt. Schläge vom Pfarrer im Konfirmandenunterricht, schwülstige Gespräche mit den Mönchen.

Von der Klosterzelle ging es in die Gefängniszelle, der Beruf des Installateurs bringt einen mit den interessantesten Menschen zusammen. Als Ralf zum ersten Mal den Knast betrat, war das schon ein beklemmendes Gefühl. Tausend Türen, Schließgeräusche, hallende Schritte der Wärter, und das eine ganze Woche, das kann ja heiter werden. Jeden Tag Werkzeugkontrolle und die Wünsche der Insassen. Der eine wollte immer Zigaretten, der andere fragte nach Hasch, während der nächste scharf auf Schnaps war. Zum Glück musste Ralf an der Pforte alles Verfängliche abgeben und musste die Inhaftierten nicht anlügen. Nach diesem Job nahm er sich vor, nie bewusst ein Verbrechen zu begehen.

Vermutlich ein schwerer Fehler

Eine alte Villa im Vorort, sie sah so richtig verwunschen aus. Der Abfluss war verstopft, also aufs Fahrrad schwingen. Die Spirale und den Werkzeugkoffer auf dem Gepäckträger fixiert, fuhr Ralf zur besagten Villa. Er drückte auf die verzierte Messingklingel. Nach einiger Zeit kam eine alte Frau, die grauen Haare zum Knoten gebunden, leicht gebückt mit schlurfenden Schritten zum Tor.

Firma Lorenz, bei ihnen soll der Abfluss verstopft sein, sagte Ralf, als er den fragenden Blick der Frau sah. Schön, dass Sie so schnell gekommen sind, bitte kommen Sie doch rein, sagte sie in lupenreinem Hochdeutsch. Er schob das Rad über einen schönen Weg und stellte es vor der großen Eichentür ab. Um die Villa war ein schöner parkähnlicher Garten, so was Schönes hatte Ralf nie zuvor gesehen. Die Spirale über der Schulter und den Werkzeugkoffer in der Hand folgte er den tippelnden Schritten der Frau.

Eva, rief die alte Dame, der Mann vom Lorenz ist da. Schön, schön, kam es aus einem der Zimmer, die rechts und links eines großen Flurs lagen. Da kam sie schon aus einem der Zimmer, fast eine Kopie der Frau mit dem Haarknoten. Beide waren bestimmt schon weit über siebzig. Sie bekamen sicher wenig Besuch, denn beide redeten fast gleichzeitig mit dem Jungen, der gar nicht wusste, wem er zuhören sollte.

Schüchtern fragte er die Damen, wo die Verstopfung sei. Das Klo ist verstopft, sagten beide wie aus einem Mund. Er gab sich ins Bad, um den Schaden zu begutachten. Toilette abschrauben, schön langsam anheben, damit sich die braune Brühe in einen Eimer ergießen kann. Jetzt die Spirale in das Abflussrohr schieben und drehen, plötzlich ein Blubbern und die Brühe, die bis zum Rand des Rohrs stand, floss ab. Das war eine der Arbeiten, die das Installateurhandwerk nicht gerade angenehm machten. Klo wieder festschrauben und die Spülung drücken. Das Wasser floss schnell ab. Arbeit erledigt. Die Damen waren mehr als glücklich, wobei die eine gleich die Toilette aufsuchte. Entweder musste sie dringend, oder sie wollte die Arbeit des Lehrlings prüfen. Die andere brachte eine kleine Cola. So mein Junge was Erfrischendes.

Sie saßen im Wohnzimmer, das mit schweren dunklen Möbeln mit vielem Nippes ausgerüstet war. Überall standen Porzellanfiguren und Vasen rum, die Wände zierten alte Gemälde. In einer Ecke wurde die Wand von alten Fotos in hübschen Rahmen geschmückt. Die Sessel waren riesig, der Junge versank fast darin. Die Frau, die auf der Toilette war, gesellte sich dazu und der Redeschwall begann von vorn. Ralf füllte den Arbeitsbericht aus, um ihn dann unterschreiben zu lassen. Schreib eine Stunde mehr auf, wir zahlen das, du hast doch sicher noch etwas Zeit?

Nun ja, die Damen waren nicht unangenehm, ihre Wohnung und wie sie gekleidet waren, das gefiel ihm. Im Dorf hatten die älteren Frauen nur schwarze Kleidung an oder höchstens eine bunte Kittelschürze und diese Art der Wohnungseinrichtung kannte er nur aus dem Fernseher. Im Laufe des Gesprächs erfuhr Ralf, dass die beiden Ladys alleine in dem großen Haus lebten und keine näheren Verwandten hatten. Sie waren Schwestern, achtundsiebzig und achtzig Jahre alt und die Villa war ihr Elternhaus.

Irgendwie taten ihm die Leutchen leid, denn Alleinsein kannte er nur zu gut. Die mehr bezahlte Stunde verging wie im Flug. Zum Abschied drückte ihm die eine einen Geldschein in die Hand und fragt wie beiläufig: hast du am Samstag Zeit? Ja, ich denke schon, entgegnete Ralf zögernd. Nun, sagte sie, du könntest den Rasen mähen und den Hof kehren, es soll dein Schaden nicht sein. Als er alleine auf der Straße war, schaute er den Schein genauer an und wusste nicht, ob er lachen oder vor Freude weinen sollte: Fünfzig Mark hielt er in der Hand. Soviel wie er vom Chef im Monat bekam. Wahnsinn.

Da er Samstagvormittag sowieso arbeiten musste, war zumindest die Fahrt kein Thema, nur von der Werkstatt zu den Leutchen musste er den Bus nehmen. Zu Hause sagte er, er müsse am Samstag länger arbeiten. Also stand er am Samstag gegen vierzehn Uhr am Tor und klingelte. Strahlend kamen ihm beide Damen entgegen und hakten sich bei ihm unter, eine links, eine rechts und zogen ihn ins Wohnzimmer. Du hast sicher Hunger, sagten sie im Gleichlaut. Ja, ein wenig schon, stotterte Ralf und versank wieder in dem tiefen Sessel. Kichernd verschwanden beide in der Küche. Irgendwann kamen sie wieder mit einem Tablett, voll mit Brot, Wurst, Käse, frischem Brot und Gurken. Auch eine Cola und eine Schachtel HB. Woher wussten die, dass ich HB mag, dachte er bei sich. Von den Damen flaniert, ließ er es sich schmecken. Danach ließ er sich den Rasenmäher zeigen und begann, den Rasen zu mähen. Dann kehrte er den Hof und den Bürgersteig, immer eine der Beiden in seiner Nähe.

Als er alle Arbeiten beendet hatte, bekam er noch reichlich Lob und wieder 50 Mark. Mit der Bitte, in zwei Wochen wieder zu kommen, wurde er verabschiedet. Nach dem dritten Besuch musste er die Damen mit Vornamen ansprechen, Martha hieß die Jüngere, Eva die Ältere. Zu Hause erzählte er nichts von seiner Zusatzeinnahme, sonst hätte ihm Emilie bestimmt das Geld abgeknöpft. Er kam wieder einmal Samstag zu den Damen, wurde aber nur von Martha empfangen, das war schon seltsam, denn sie kamen sonst immer zusammen. Eva ist krank, sagte Martha, die liegt schon die ganze Woche im Bett.

Ralf ließ sich von Martha in Evas Zimmer führen. Da lag sie bleich, mit spitzem Gesicht und geröteten Augen. Tief in dem weißen Kissen versunken sah man sie kaum. Als sie Ralf erkannte, lächelte sie und sagte mit leiser Stimme, heute musst du nichts arbeiten, leiste mir Gesellschaft. Also setzte sich Ralf auf die Bettkante, während Martha auf dem gepolsterten Stuhl Platz nahm. Sie erzählten von früher, vom Krieg und der Zeit vor dem Krieg, ihrer glücklichen Kindheit und ihrem Pech mit den Männern. Beide waren kinderlos verheiratet und beschlossen nach vielen Enttäuschungen, die Männer zu verlassen und gemeinsam ins Elternhaus zu ziehen. Sie pflegten ihre Mutter bis zu deren Tod. Die Zeit verging wie im Flug, und er vergaß dabei, dass er eigentlich mit den Kumpels zum Tanzen wollte. Dann machte er einen der größten Fehler seines Lebens, weil er mehr auf seine Kumpels hörte. Warum vergeudest du deine Zeit mit den alten Schachteln. Er stellte die Besuche ein.

Irgendwann, vielleicht ein Jahr später, hatte er in der Nähe der Villa zu tun. Nun, wenn ich schon mal in der Nähe bin, schaue ich mal rein, dachte er. Er klingelte, aber keiner öffnete, noch mal, jetzt heftiger, keine Reaktion an der Tür. Doch etwas enttäuscht klingelte er am Nachbarhaus. Ein älterer Mann öffnete und fragte: Ja bitte? Können sie mir bitte sagen, was mit den Damen im Nebenhaus ist? Schlimme Geschichte sagte der Mann, vor zehn Wochen ist Eva gestorben und vor zwei Wochen Martha. Schade um das schöne Haus, das hat die Stadt geerbt und wird es wohl verkaufen. Ralf schossen die Tränen in die Augen und er dachte an die schöne Zeit mit den Damen. Warum habe ich nur auf die Kumpels gehört? Der Tod von Martha und Eva hatte in hart getroffen. Er nahm sich vor, nicht mehr auf die Meinung der Anderen zu hören.

Lustige Momente

Die Gesellen hatten für die Kinder des Chefs und vielleicht auch für sich einen Jeep gebaut. Da alle Spengler und Installateure waren, konnten sie mit Blech umgehen, da war es ein Leichtes, die Karosserie zu basteln. Als Motor diente ein Rasenmähermotor. Der Jeep war grün angemalt, hatte ein Lenkrad, Gas und Bremse, fast wie ein richtiges Auto. Die Jungs kurvten mit dem Gefährt durch die Gasse. Damals fuhren kaum Autos und die Polizei war weit weg. Es war schon ein Gaudi, einer fuhr und zig Jungs rannten hinterher. Das waren Momente, in denen der Chef nicht der Chef war und die Gesellen nicht die Ausbilder, nein, jetzt waren alle große Jungs. Ralf genoss diese Momente.

An einem heißen Sommertag schloss der älteste Sohn den Wasserschlauch an und begann seine Geschwister nass zu spritzen, als der Chef den Hof betrat, bekam er auch eine Ladung ab, er lachte nur und versuchte, seinem Sohn den Schlauch abzunehmen. Bei dem Gerangel wurde der Wasserstrahl unkontrollierbar und traf die Chefin, die nur mal schauen wollte, was da für ein Lärm im Hof ist. Die Wasserschlacht ging weiter, bis wirklich alle platschnass waren und lachend im Hof herumtollten. Das war eigentlich der lustigste Tag in Ralfs Lehrzeit.

Der Chef fuhr mit Ralf zu einem Kunden, dessen Abfluss verstopft war. Mit der Spirale war nichts zu erreichen. Ralf, geh in den Keller und öffne das Putzstück. Das ist ein Deckel der mit zwei Schrauben an dem Abflussrohr befestigt ist. Also

19er Schlüssel nehmen und langsam die Schrauben öffnen. Die Schrauben waren weg, aber der Deckel klebte fest. Ralf dachte für sich, wenn ich jetzt den Deckel schnell entferne, schießt die ganze Brühe aus der Öffnung. Also langsam, seitlich stehend, versuchte er den Deckel zu lösen.

Ungeduldig schaute ihm der Chef bei der Arbeit zu. Geh mal weg, ich kann dir nicht zuschauen, knurrte er. Er schob Ralf beiseite und griff einen Hammer und schlug auf den Deckel. Es kam wie es kommen musste, Physik, Wassersäule und so, der Deckel flog weg und eine braune Brühe schoss aus der Öffnung, genau über den Chef ergoss sich die Kloake.

Ralf wusste nicht, ob er lachen sollte, es war schließlich der Chef, der getroffen wurde, aber ein leichtes Grinsen konnte er sich nicht verkneifen. Stinkend und triefend schlich der Chef durch die Kellertür in den Garten und hier durfte ihn Ralf abspritzen. Den Chef auf dessen Wusch abspritzen, der Traum aller Lehrlinge. Danach wurde nie zwischen Lehrling und Chef über den Vorfall gesprochen, nur die Gesellen wären gerne dabei gewesen.

Der erste Kuss

Es war mal wieder Kerwe im Dorf, und die Jungs standen am Autoskooter, um nach den Mädchen zu schauen. Da kamen zwei Mädchen auf Ralf zu. Die eine, dunkelblond mit Pferdeschwanz, etwas mollig, mit einem rosa Rock über einem weiten Petticoat mit einem goldenen Metallgürtel. Die andere, eher dünn, in Jeans gezwängt, mit schwarzem Bubikopf. Die Mollige sprach Ralf an: Eh fährst du mit mir? Sie sprach mit einem Dialekt aus der Vorderpfalz, die sangen die Worte. Noch nie hatte ihn ein Mädchen angesprochen, deshalb fühlte er sich erst nicht angesprochen, meistens sprachen die Mädchen Franz an, der hatte es drauf.

He Schwarzer, ich meine dich. Franz hatte auch schwarze Haare, also meinte sie ihn. Franz schaute etwas geringschätzig zu dem Mädchen. Er mochte keine Molligen. Nein, dich meine ich, und nahm Ralf an der Hand. Der wurde immer rötlicher im Gesicht, der Kloß im Hals wurde größer und das Blut raste durch die Adern wie in einem Feuerwehrschlauch. Sie zog ihn in Richtung Kasse, während er sich verdutzt ziehen ließ und sich mit fragendem Blick zu seinen Freunden drehte. Die lachten, lachten sie wegen der Molligen oder wegen seines verklärten Gesichtsausdrucks? Die Dünne lehnte an einem verzierten Pfosten des Skooters und kaute auf ihrem Kaugummi. Das alles sah Ralf, während ihn die etwas mollige immer noch festhielt.

Das Mädchen kaufte mehrere Chips und schaute immer wieder lächelnd zu dem immer noch staunenden, Jungen hoch. Als die noch laufende Fahrt zu Ende war, zog sie ihn zum nächsten Auto und beide stiegen ein. Ralf durfte fahren. In dem engen Boxauto kamen sie sich ziemlich nahe, sie roch so gut. Ihr linkes Knie an seinem rechten, wobei seins zu zittern begann.

Aus den Lautsprechern drang laut der Song von Benny Quick – Motorbiene. Die Teenager die sich um die Fahrbahn drängelten, wiegten sich nach dem Rhythmus des Songs. Stolz fuhr Ralf an seinen Kumpels vorbei und erhoffte sich einen neidvollen oder anerkennenden Blick zu erhaschen. Pause, im Auto auf die nächste Fahrt warten, zögernd den rechten Arm auf die Rücklehne legen, wobei seine Finger zitternd die Schulter des Mädchens berührten.

Ich heiße Ingrid und du? rief sie in Ralfs Richtung und rückte noch näher an ihn. Ich bin Ralf, war die kurze Antwort. Für mehr reichte sein Atem nicht. Es kam die dritte Fahrt. Paul Anka sang Diana und der Arm lag nicht mehr auf der Rücklehne, sondern auf Ingrids Schulter. Die vierte Tour war vorüber und mit zitternden Knien stieg Ralf aus dem Gefährt, wobei der Arm leider die Ingrids Schulter verlassen musste. Kaum auf dem Holzsteg angekommen, ergriff Ingrid Ralfs Hand und beide begaben sich zu den Freunden.

Inzwischen hatte Peter, der Bruder von Franz, ein Gespräch mit Ingrids Freundin begonnen, wobei er sie an beiden Händen hielt und dem Mädchen schien es zu gefallen. Sie hieß Karin, und Ingrid war ihre Cousine. Karin wohnte im Dorf von Ralf und Ingrid war mit ihren Eltern zu Besuch, wegen der Kerwe. Lasst uns über den Platz laufen, sagte Peter, nahm Karin um die Hüfte, sagte zu den Anderen „bis später“ und ging davon. Ralf wurde mutiger, nahm Ingrid ebenfalls um die Hüfte und folgte den Beiden.

Sie gingen zu viert zum Schießstand und die Jungs schossen Rosen und Papierblumen für die Mädels, wobei Peter öfter traf, weil Ralf immer noch zitterte. Weiter ging's zur Zuckerwatte. Ingrid biss an einer Seite und Ralf knabberte sich von der anderen Seite in Richtung Ingrids Mund. Der Druck der Hände wurde stärker. Während des Dahinschlenderns schaute Ingrid immer wieder zu Ralf hoch. Sie lächelte dabei, ohne den Druck ihrer Hand zu verringern.

Ich habe dich schon öfter im Dorf gesehen, wenn ich bei Karin zu Besuch war, sagte sie, und du hast mir immer gefallen. Ralf hatte sie nie zuvor gesehen, zumindest nicht bewusst. Im Laufe des Gesprächs erfuhr er, dass ihre Eltern einen Kiosk am Bahnhof ihrer Heimatstadt betrieben.

Irgendwo zwischen Losstand und Imbissbude blieb Ingrid stehen, legte ihre Arme um Ralfs Hals, zog ihn zu sich hinunter und küsste ihn, erst sanft nur auf die Lippen, dann spürte er Ihre Zunge in seinem Mund. Der erste Kuss... Ralf hatte noch nie geküsst. Er hatte nur zugeschaut, wenn Franz küsste, der hatte ja schon einige Freundinnen. Sie schmeckte süß, also so schön kann küssen sein. Karin kam hinzu und drängte zum Aufbruch. Sie mussten um achtzehn Uhr zu Hause sein, sonst gab's Ärger mit der Familie.

Sie verabredeten sich für den Kerwesonntag, gleiche Zeit, gleiche Stelle. Ralf war verliebt, so richtig doll mit Herzflattern und was so ein Zustand noch auslösen kann. Die Zeit bis zum Sonntag verstrich langsam, sehr langsam. Ach, wenn doch schon Sonntag wäre...

Sie kamen pünktlich und sofort bekam Ralf einen dieser süßen Küsse. Autoskooter fahren, über den Platz schlendern, Peter und Karin etwas hinter ihnen. Urplötzlich stand ein älteres Paar vor ihnen. Ingrid wurde rot und ließ Ralfs Hand los und sagte: hallo Mama, hallo Papa, darf ich vorstellen, das ist Ralf, mein neuer Freund. Ralf merkte wieder, wie die Röte hochkam und die Stimme schien zu versagen, er brachte ein blechernes Guten Tag heraus und streckte der Frau zur Begrüßung die Hand entgegen. Die hatte nur Augen für die Tochter, also ging die Hand Richtung Vater, der schien aber auch kein Interesse an einem Händedruck zu haben. Die Situation war für Ralf unangenehm. Der Vater von Ingrid war groß und dick mit blonden, strähnigen Haaren und Händen wie Klodeckel. Die Mutter war eher klein und mit nicht so kräftiger Figur.

Schick angezogen waren beide. Inzwischen kamen Peter und Karin zu der Gruppe, und seltsamerweise gaben beide Peter die Hand. Du kommst jetzt mit, sagte der Vater zu Ingrid. Und den schlag dir aus dem Kopf, du weißt genau, was wir von Ausländern halten, da kommt mir keiner ins Haus. Aber er ist doch Deutscher, sagte Ingrid mit weinerlicher Stimme. Der Alte sagte spöttisch, ja der hat vielleicht einen deutschen Schäferhund, aber schau ihn doch an mit seiner Negerschnute und der Bollennase, nee, nie und nimmer ist der Deutsch, also keine Diskussionen mehr, du kommst jetzt mit und basta. Beide

Elternteile schauten fast verächtlich zu dem Jungen. Ingrid schossen die Tränen in die Augen. Der Vater griff seine Tochter bei der Hand und zog sie mit. Die Mutter sagte noch zu Karin, du kannst machen, was du willst, aber die kommt mit. Ralf konnte seine Tränen auch nicht mehr zurückhalten und lief weinend vom Festplatz.

Sie hatten zum Glück vorher die Adressen ausgetauscht und konnten sich gegenseitig Briefe schreiben. Mittwochs nach der Kerwe war schon der erste Brief von Ingrid da. Sie schrieb ihm, dass sie Hausarrest habe, und beteuerte ihre Liebe. Außerdem erfuhr er, dass sie am Samstagvormittag am Kiosk arbeiten musste, weil ihre Eltern Besorgungen machen mussten. Ralf schrieb ihr einen Liebesbrief zurück und versprach, sie am Samstag zu besuchen. Sie schrieben sich fast täglich. Ralf konnte kaum den Samstag erwarten.

Er fuhr mit dem Zug gleich nach seiner Arbeit direkt zu Ingrid. Die Fahrt dauerte fast eineinhalb unendliche Stunden. Der Zug hielt und Ralf rannte aus dem Bahnhof zum Kiosk. Da sah er sie, seine erste große Liebe. seine Schritte wurden langsamer und zögernder. Wie würde sie reagieren? Würde sie ihn wieder so süß küssen? Den Geschmack hatte er immer noch im Mund, glaubte er. Als er ihr Lächeln sah, wurden die Schritte wieder fester und schneller. Sie kam aus dem Lädchen und beide fielen sich in die Arme und dann kam er, der süße Kuss. Sie klammerten sich, als wollten sie sich nie wieder lösen.

Zum Glück waren gerade keine Kunden da. Kunden keine, aber etwas viel Schlimmeres kam auf die Beiden zu. Ein gelber Benz fuhr auf den Bürgersteig und fuhr sie fast um. Da Ralf mit dem Rücken zum Bürgersteig stand, sah er nicht, wer da so rabiat fuhr. Er sah aber, wie Ingrid blass wurde. Sie nahm die Arme von Ralf und ihr Körper versteifte sich, während ihre Augen weit aufgerissen an Ralf vorbeischauten. Zwei Autotüren schlugen fast im Gleichklang zu. Ralf drehte sich um und schaute in die wütenden Gesichter von Ingrids Eltern.

Das Gesicht von Ingrids Vater stand kurz vor einer Explosion, das der Mutter nicht minder. Zögernd ging Ralf einen Schritt zur Seite, seine Hände wussten nicht wohin. Sein Blick konnte nicht von den Eltern weichen. Der dicke Mann schrie in Richtung seiner Tochter: Was habe ich dir gesagt, ich will den Typ nicht mehr sehen. Ab ins Auto, knurrte er und zu Ralf gewandt: wenn ich dich noch einmal mit meiner Tochter erwische, gibt's Prügel, die du nie vergessen wirst. Du fährst mit Mutter sofort heim. Er schob Ingrid unsanft in das Auto, das immer noch mit laufendem Motor auf dem Bürgersteig stand. Ingrids Mutter konnte es sich nicht verkneifen, auch einen feindlichen Satz in Richtung Ralf zu schleudern. Zu Ralf schrie der Vater mit erhobenem Zeigefinger, und du verschwindest jetzt und lass dich hier nie wieder blicken.

Inzwischen hatten sich einige Neugierige um die Gruppe gebildet, wobei einige dem Fetten wohlwollend zunickten und andere sich kopfschüttelnd abwandten. Mit nassen Augen schlich Ralf Richtung Bahnhof. Es tat so weh, die verachtenden Worte der Eltern, fast wie bei Rudolf, wenn er besoffen war. Wie in Trance bestieg er den Zug, der ihn ins Dorf brachte. Zu Hause angekommen, schlich er in sein

Zimmer, er wollte niemanden sehen. Er grub sein Gesicht ins Kopfkissen und weinte sich in den Schlaf.

Sie schrieben sich trotz des Verbots weiterhin glühende Briefe. Ralf lag mit einer Erkältung im Bett als Rudolf plötzlich im Zimmer stand und ihm einen Brief reichte. Er sagte nur, da von deiner Freundin, steht nichts Schlimmes drin. Er hatte den Brief wieder geöffnet, genau wie bei Ralfs erster Freundin, seinen Brief. Ralf konnte es kaum glauben, er war so wütend, dass er den Brief ungelesen zerriss. Was sein Stiefvater gelesen hatte, waren Ralfs und Ingrids intimste Geheimnisse. Er schrieb keine Briefe mehr an Ingrid, da konnte Rudolf auch keine mehr öffnen und lesen. Er hat nie wieder was von Ingrid gehört.

Allerlei Missgeschicke

Ralf schien das Unglück anzuziehen. Meist hatte er kein Glück und dann kam noch Pech dazu. Die Unglücke und Unfälle der Kindheit schien er mit in die Lehrzeit genommen zu haben.

Da war die Sache mit der Toilette. Er sollte im Auftrag des Chefs ein neues Waschbecken in ein Untergeschoss tragen. Die Treppe war etwas glatt und es kam, wie es kommen musste. Ralf rutschte aus und fiel samt Waschbecken die Treppe runter, wobei das Waschbecken zu Bruch ging. Der Chef tobte und Ralf weinte, nicht wegen der Schmerzen, sondern aus Angst vor den Folgen.

Ein neues Bad wurde installiert. Ralf durfte das neue Waschbecken montieren. War ja einfach. Waschbecken in die Laschen heben, die Röhrchen an Kalt, und Warmwasser anschließen, den Siphon mit dem Abfluss verbinden. Da kann doch nichts schief gehen, sollte nichts schiefgehen, Becken eingehängt, sitzt, unter das Becken legen, um die Anschlüsse herzustellen, dann kam der Chef ins Bad. Ralf erschrak und wollte aufstehen, aber die Wasserröhrchen waren noch nicht angeschlossen, kurz: er hob beim Aufstehen mit dem Rücken das Waschbecken aus den Laschen und auch das neue Becken zerbrach. Der Chef schrie und Ralf weinte. Das zahlst du jetzt.

Wovon sollte er das Becken zahlen bei acht Mark Taschengeld im Monat? Weil Ralf das Geld nicht hatte, musste er samstags nach Feierabend auf dem Wochenendgrundstück des Chefs Gartenarbeiten verrichten. Acht Samstage. Und weiter ging es.

Eine Gasleitung wurde verlegt und die muss geprüft werden. Ist ja einfach, alle Anschlüsse abblinden und am Anschluss für die Gasuhr das Prüfgerät anschließen. Das Prüfgerät war ein U-Manometer aus Glas. Die Leitung wird mit Luft gefüllt und fällt der Druck ab, sinkt im Manometer die Wassersäule und man weiß, die Leitung ist nicht dicht. Beim Prüfen tauchte der Chef auf, Ralf erschrak wieder einmal und das Prüfgerät fiel auf den Boden und war natürlich nicht mehr zu gebrauchen.

Während seiner Lehrzeit brachte es Ralf fertig, drei dieser Geräte zu zerstören. Nicht zu vergessen die zwei Spiegel, die nicht an der Wand halten wollten, weil der Junge die Halter fest anzuschrauben vergaß.

Erotische Verwirrung

Das dritte Lehrjahr begann und das Taschengeld wurde auf drei Mark wöchentlich erhöht. Ralf musste jetzt auch selbstständig arbeiten, das machte mehr Spaß. Keine Gesellen, die ihn quälten, kein Chef, der über die Schulter schaute. Um sieben Uhr dreißig mit dem Geschäftsrad losfahren, Gasherd anschließen. Klingeln, keiner öffnet. noch mal klingeln. Eine weibliche Stimme rief, wer ist da? Firma Lorenz, ich soll den Gasherd anschließen.

Kurz darauf wurde die Tür geöffnet und eine hübsche Frau im Morgenmantel bat den Jungen einzutreten. Sie war so um die dreißig, schlank und etwas kleiner als Ralf. Mit der linken Hand hielt sie den Morgenmantel an der Brust zusammen, mit der Rechten strich sie sich durch ihren schwarzen Wuschelkopf. Er folgte ihr mit dem Werkzeugkoffer in der Hand, mit nicht gerade sicheren Schritten. An der Wand hingen Fotos der Frau in verführerischen Posen, fast so wie die Bilder aus dem Playboyheft, die in der Partyhütte von Hans hingen. Jetzt wurde sein Hals wieder enger und er konnte nichts dagegen tun. Sie führte ihn in die Küche, wo der neue Herd auf seinen Anschluss wartete.

Sie schaute ihn mit ihren braunen Augen an, die noch etwas mit Wimperntusche verschmiert waren, jetzt kam die Röte. Die Lippen, schön voll, wiesen noch Reste eines rosa Lippenstifts auf. Jetzt lächelte sie und zeigte dabei ihre schönen weißen Zähne. Ralf war hin und weg. So was Schönes hatte er noch nie gesehen, zumindest nicht so nah.

Du oder muss ich Sie sagen, sagte sie mit rauchiger Stimme, bist aber früh auf den Beinen. Ja, ich beginne ja schon um sieben, krächzte es aus Ralfs Mund. Er zog den Herd nach vorne, um sich den Anschluss anzuschauen. Sie stand neben ihm, sie roch auch verdammt gut und schaute ebenfalls nach unten. Sie stützte sich dabei mit beiden Händen auf den Herd. So schöne gepflegte Hände mit rot lackierten Nägeln. Krampfhaft versuchte Ralf seinen Blick auf den Anschluss zu richten, das gelang gar nicht so gut. Da die linke Hand den Morgenmantel nicht mehr zusammenhielt, öffnete dieser sich einen Spalt just in dem Moment als Ralf zu ihr schaute, was er sah, verursachte eine Art Schwindelgefühl in ihm. Er sah ihre Brüste, den flachen Bauch hinunter bis zu einem krausen dunklen Haaransatz. Machte sie ihn gerne nervös?

Er holte aus der Kiste den Gashahn und die Rohrzange. Jetzt nur nicht anmerken lassen, dass er noch nie ein Mädchen hatte, geküsst ja, aber sonst hatte er keine Erfahrung in Sachen Sex. Vielleicht amüsierte sie sich auch über seine Tollpatschigkeit.

Willst du was trinken, fragte die Schöne. Ja danke, sagte Ralf und versuchte krampfhaft, sie nicht anzusehen. Sie ging zum Kühlschrank. Er hörte sie nur, während er sich weiter um den Herd kümmerte. Gewinde einhanfen, Hahn einschrauben, das Ganze mit dem Herd verbinden, fertig. Er hörte sich fragen, wo ist ihre Gasuhr? Sie drehte sich um, jetzt wieder die Hand am Morgenrock, draußen im Flur hinter dem Schränkchen, antwortete sie. Wieder an den Bildern vorbei, jetzt genauer hinschauen.

Er öffnete das Ventil an der Gasuhr und begab sich wieder Richtung Küche, vorbei an einem Schuhschrank. Auf diesem lag ein Fotoalbum. Was tun? Nur mal kurz eine Seite anheben und einen Blick wagen. Da war wieder sie zu sehen, nackt. Nicht einfach nackt, nein mit gespreizten Beinen, nur eine weiße Federstola um den Hals, deren Enden ihre Brüste umschlangen. Er schlug zitternd das Album zu und ging wieder zum Herd. Ob sie was bemerkt hatte? Er kam sich wie ein ertappter Sünder vor. Sie reichte ihm ein Glas Saft. Er musste es mit zwei Händen nehmen, sonst hätte er den Saft verschüttet. Sie lächelte nur. Er probierte den Herd. Erst die vier Brenner, dann den Backofen, alles funktioniert.

Sie bat ihn, doch am Tisch Platz zunehmen. Rauchst du schon? Wieder diese Stimme. Ja, stotterte er und nahm mit zittriger Hand eine aus der Schachtel, die sie ihm reichte. Er wollte Kavalier sein und ihr Feuer reichen, aber dieses blöde Zittern. Sie hielt seine Hand mit dem Feuerzeug fest, damit sie ihre Zigarette anzünden konnte und lächelte wieder. Er wusste nicht wohin schauen, was mit den Händen machen. Wenn er das Erlebte den Jungs erzählt, würden sie ihn für einen Aufschneider halten. Wie alt bist du eigentlich? hörte er sie sagen. Er stammelte siebzehn. Ach siebzehn, ein schönes Alter, noch einmal siebzehn sein, seufzte sie. Da hast du ja bestimmt schon Erfahrung mit Mädchen gesammelt. Ach, es geht, antwortete er unsicher. Ob sie merkte, dass er keine Erfahrung hatte?

Sie schlug die Beine übereinander und der seidene Mantel rutsche auseinander und ließ die Schenkel frei, die von einem leichten Haarflaum bedeckt waren. Um seine Aufregung zu verbergen, hielt er sich am Saftglas und der Zigarette fest. Er schaute auf seine Uhr und sagte, oh schon so spät, ich darf nur eine Stunde brauchen, sonst gibt's Ärger im Geschäft. Er reichte ihr den Arbeitsbericht. Sie unterschrieb. Wenn du am Samstag nichts vorhast, kannst du uns gerne besuchen, mein Mann würde sich auch freuen, gurrte sie. Ich versuch es, sagte er mit immer noch diesem Kratzen in der Stimme. Er nahm seinen Werkzeugkoffer und verabschiedete sich. Ich bring dich noch zur Tür, meinte sie. Zum Abschied reichte sie ihm die Hand und er fühlte etwas aus Papier in der Seinen. Draußen öffnete er die Hand, um zu schauen, was sie ihm in die Hand gedrückt hatte. Es waren zwanzig Mark und ein Zettel mit Telefonnummer und dem Namen Birgit. Also Birgit hieß sie und war verheiratet. Er rief nie an, weil er Angst hatte.

Die Clique, Respektspersonen und Ende der Lehrzeit

Die Clique bestand aus einem harten Kern, und Franz war irgendwie der Anführer. Um die Zusammengehörigkeit nach außen zu vermitteln, beschlossen sie, sich gleich zu kleiden. Rotes Polohemd, Lederjacke, natürlich schwarz und Kunstleder, Jeans, weiße Socken und schwarze Slipper wurden zur Uniform. Bald hießen sie im Dorf ‚die Rothemden'. Es konnte dann schon mal vorkommen, dass ein Rothemd, wenn es alleine unterwegs war, Prügel bezog. Im Dorf gab es andere Gruppierungen, die natürlich auf solche Gelegenheiten warteten.

Die Zeit des Trampens war vorbei. Franz und sein Bruder Peter machten den Mopedführerschein und kauften sich je ein Moped, so mit Sitzbank, dass einer der Jungs mitfahren konnte. Ralf fuhr meistens mit Franz, der fuhr zwar wie ein Irrer, aber es machte Spaß, den Fahrwind im Gesicht und in den Haaren zu spüren. Ralf hatte nur Angst, wenn sich Franz zu stark in die Kurven legte. Da streifte der Fußraster fast am Boden. Es kam, wie es kommen musste, wieder eine enge Kurve, schön tief hineinlegen, aber mit dem Rollsplitt hatte keiner gerechnet. Das Moped rutschte weg und beide schlitterten über den Asphalt. Zum Glück kamen sie mit einigen Schürfwunden davon. Seitdem hatte Ralf Angst, mit Franz zu fahren, er fuhr danach nur mit Peter, der fuhr besonnener.

Franz war der erste mit einer festen Freundin. Sie hieß Helena und war sehr hübsch. Helena war knapp sechzehn und musste um acht zuhause sein. Meist zogen sie jetzt zu viert durch die Stadt, Franz mit Freundin, Peter und Ralf trotteten hinterher. Mittags im Schnellimbiss eine Bratwurst mit Fritten und dazu 'ne Cola, dann um vier in den Partyklub zum Tanzen.

Um acht Helena abliefern und dann ab zurück ins Dorf. So verliefen die Sonntage bei schlechtem Wetter. Im Sommer ging's zum Baden an den See. Zum Glück gab es Opa Benedikt, der Ralf öfter mal ein paar Mark zusteckte oder die Trinkgelder, sonst wären diese Touren nicht machbar gewesen. Franz und Peter durften ihr verdientes Geld zum größten Teil behalten und hatten dadurch immer Geld in der Tasche. Sie unterstützten ihre alleinstehende Mutter, Peter etwas mehr, weil Franz geiziger und sein Lebensstil doch etwas aufwendiger war.

Adenauer kam in die Stadt. Für den Chef, gut katholisch, CDU Mitglied und Innungsmeister, war das ein Feiertag. Die Mitarbeiter bekamen den Nachmittag frei und durften oder mussten mit zum großen Platz vor einem Kaufhaus, das sich noch im Rohbau befand. Der Platz war ziemlich gut besucht. Die Arbeiter des Neubaus saßen auf dem Baugerüst und auf einer Tribüne standen wichtig dreinblickende Menschen. Viele Menschen schwangen Fähnchen mit schwarz, rot, goldenen Farben andere wieder solche mit dem CDU-Logo, auch rote Gewerkschaftsfahnen wurden geschwenkt. Eine schwarze Benz-Limousine fuhr vor und Männer mit schwarzen Anzügen und Stöpseln im Ohr stiegen aus und einer öffnete die hintere Tür, dann stieg er aus, der Kanzler.

Sofort gab es einen ohrenbetäubenden Lärm. Einige Leute pfiffen, während andere bravo und hurra riefen und in die Hände klatschten. Adenauer begab sich, von den schwarzen Männern umringt, auf die Tribüne. Er trat zum Mikrofon und begann, mit rheinländischem Akzent zu den Menschen zu sprechen. Die Pfiffe wurden stärker und die Handwerker auf dem Baugerüst begannen mit Hämmern auf die Rohre zu hämmern. Der Kanzler war kaum noch zu hören. Er schien nicht sehr beliebt zu sein, zumindest in dieser Stadt nicht. Er sagte, die, die da hämmern und pfeifen, wissen nicht, worum es geht, was den Lärm nur noch verstärkte.

Das vierte Lehrjahr und vier Mark Taschengeld. Ein Spengler und Installateur muss jeweils dreieinhalb Jahre in die Lehre. Die gleichaltrigen Freunde waren fertig oder standen kurz vor der Gesellenprüfung. Ralf musste ja dank Emilie diesen Doppelberuf lernen, wobei der Spengler nach Ralfs Meinung unnötig war. Gönnerhaft verkündete Emilie die Taschengelderhöhung mit der Bemerkung: Ja nicht alles gleich verprassen. Vom Chef wurde jetzt natürlich auch mehr verlangt, es gab ja schließlich siebzig Mark im Monat. Ralf musste jetzt ganz selbstständig arbeiten. War auch ganz schön, keine Gesellen, die ihn ärgerten, und nicht immer den Chef im Nacken. Sobald er alleine arbeitete, blühte der Junge auf, es gab keine Sachschäden und die Kunden waren sehr zufrieden mit seiner Arbeit. Es gab kein Zittern und keine Unfälle, nur wenn der Chef zur Kontrolle kam, wurde er aus unerklärlichen Gründen nervös.

Dabei war der Chef immer gut zu ihm, keine Schläge oder Schreie, aber er war eine strenge Respektsperson. Vielleicht wollte der Junge es jedem recht machen und hatte Versagensängste. War es die Erziehung durch Eltern und Lehrer? Er konnte sich diese Nervosität nicht erklären. Seltsamerweise kam diese Unsicherheit nur bei sogenannten Respektspersonen, Frauen und Obrigkeiten auf. Bei den Eltern der Freunde oder bei den Amerikanern war er doch auch nicht nervös? Wenn ihn jemand auf das Zittern ansprach, wurde es noch schlimmer, dann kamen noch das Stottern und die Gesichtsröte hinzu. Diese Zustände sollte er erst viel später ablegen. Das wusste er aber zu diesem Zeitpunkt noch nicht.

Wenn Ralf an den Wochenenden spät nach Hause kam, gab es meistens Ärger. Nicht weil er so spät kam, sondern weil er durch das elterliche Schlafzimmer in sein Zimmer musste, im Dunkeln, da konnte man schon irgendwo anstoßen. Dann ging plötzlich die Nachttischlampe an und Emilie ließ ihren gefürchteten Schrei los. Wo kommst du jetzt her? Schau mal auf die Uhr. Ich glaube du spinnst. Also kam er in Zukunft nicht mehr spät, sondern früh heim, zum Frühstück oder später. Wenn er dann kam, wurde nur noch gefragt: Woher kommst Du?

Ich war bei Hans in der Hütte, wir haben da übernachtet. Ach ja, dann ist's ja gut und sie wandten sich wieder dem Frühstück zu. Sie fragten aber nicht, hast du Hunger oder schon gefrühstückt? Vielleicht dachten sie, wenn der schon was gegessen hat, können wir uns das sparen. Es fehlte ihm auch der Mut zu sagen, dass er zumeist noch nichts gegessen hatte, lieber hungern, dann gibt's auch keine schmerzhaften Kommentare. Er hatte sowieso den Eindruck, dass ‚ich habe keinen Hunger, oder habe bei Freunden gegessen', wohlwollend aufgenommen wurde.

Es wurde auch nie gefragt, wo seine Sonntagsausflüge hingingen. Auch wie es in der Lehre und Berufsschule lief, interessierte niemanden. Es schien ihnen egal zu sein, solange nichts Negatives kam. Hauptsache der Winterbrand ist gesichert, der Garten ist in Ordnung und er fragt nicht nach Geld oder Kleidung. Rudi war ja ausgezogen, also muss der Kleine zum Unterhalt beitragen. In Ralfs Kopf war immer noch, wie eingebrannt, der Gedanke: Wenn die Gesellenprüfung bestanden ist, bin ich weg. Weg aus dem Sperrmüllhaus, weg vom Geschrei, weg vom Alkoholiker, weg vom Lehrherrn, weg aus der Stadt. Weit weg, egal wohin, nur weg.

Chef, ich müsste üben: schweißen und Bleirohr biegen, denn das wird bei der Gesellenprüfung verlangt, sagte Ralf etwas schüchtern. Ja gut, entgegnet der Chef, wenn du üben willst, kannst du das nach siebzehn Uhr oder am Samstagnachmittag tun, da hast du genug Zeit. Ja aber das müsste mir einer der Gesellen zeigen, entgegnete Ralf. Dann frag' einen, wenn er seine Freizeit opfert, soll mir egal sein. Im Lehrbetrieb stand zwar ein altes Carbid-Schweißgerät, aber es wurde kaum benutzt. Peter erklärte sich bereit, dem Jungen das Schweißen beizubringen, guter Peter. Vielleicht hatte er auch ein schlechtes Gewissen wegen des Alkohols.

Bei den Arbeiten im Lehrbetrieb wurde kaum geschweißt und die gebogenen Bleirohre wurden im Sanitärhandel gekauft. Das Biegen brachte sich Ralf durch viel Üben selbst bei. Die dreieinhalb Jahre Lehrzeit waren um. Durch eine Änderung der Lehrberufe, den Doppelberuf gab's nicht mehr, konnte die Prüfung erst ein halbes Jahr später abgelegt werden. Jetzt musste er auch das Weggehen verschieben. Noch ein halbes Jahr länger warten.

Er hatte jetzt zwar ausgelernt, war aber noch kein Geselle. Der Meister sagte, du hast jetzt ausgelernt, du wirst übernommen und kannst weiterhin bei uns arbeiten. Als Lohn bis zur Prüfung zahle ich dir eine Mark die Stunde. Ralf dachte für sich, Mensch das sind ja achtundvierzig Mark die Woche, an die Abzüge dachte er nicht. Natürlich gab es am Samstag keine achtundvierzig Mark, sondern nur um die achtunddreißig Mark. Von diesem Geld wollte Emilie dreißig Mark. Jetzt bis zum nächsten Frühjahr weiterarbeiten und durchhalten.

Musterung

Ein Brief von der Bundeswehr, auch das noch. Ralf muss zur Musterung ins Kreiswehrersatzamt. Er wollte gar nicht zum Bund, auch nicht zum Ersatzdienst. Auf dem Flur des Ersatzamts saßen schon etliche Jungen. Einige waren aus Ralfs Schulklasse, andere kannte er von der Berufsschule. Alle waren aufgekratzt, einige schwärmten sogar von der Bundeswehr. Nein, schwärmen konnte Ralf nicht vom Soldatenleben, zumal einige Ältere aus der Nachbarschaft schon dabei waren und von ihren Erlebnissen, vor allem von dem Drill erzählten. Drill hatte er schon achtzehn Jahre hinter sich. Einzelne Jungs kamen in Unterhosen aus den einzelnen Zimmern, einen Zettel in der Hand. Sie warteten auf weitere Untersuchungen. Er wollte endlich frei leben ohne Drill und Befehle. Aus dem Stimmengewirr hörte er aus einem rauschenden Lautsprecher seinen Namen, näselnd hörte er noch Zimmer zwölf bitte.

Also aufstehen, zögernd, flapsige Sprüche der anderen Jungs, an Zimmer zwölf anklopfen, herein und eintreten. Da saßen einige Männer und eine Frau an einem langen Tisch, alle trugen weiße Kittel. Sie stellten Fragen über seine Hobbys, seinen Beruf, seine Wünsche bei der Bundeswehr, welcher Waffengattung er beitreten möchte. Er versuchte positiv rüber zukommen, er wollte zwar nicht zum Bund, aber keiner sollte seinen Unwillen merken, das wäre doch eine schlechte Taktik. Bitte ins Nebenzimmer kommen, ausziehen, Unterhosen können Sie anlassen. Im Nebenzimmer wurde er von einem

Arzt empfangen, das erkannte er wegen des Stethoskops, das ihm wie bei den Doktoren im Krankenhaus um den Hals hing. So, ich mache jetzt einige Tests mit Ihnen. Stellen Sie sich gerade hin, ich habe gerade gesagt. Bauch rein, Brust raus. Aber Ralfs Rundrücken verhinderte ein Geradestehen. Der Arzt umringte den nicht gerade stehenden Jungen und wiegte dabei seinen Kopf hin und her. Stellen Sie ihre Füße gerade, gut so. Mit einem Blick auf die Füße meinte der Arzt: nur: Senk und Spreizfuß, und machte dabei Notizen auf ein Blatt, das an einem Klemmbrett befestigt war. Gehen Sie mal ans Fenster, bitte seitlich hinstellen. Können Sie mich hören? zischelte der Arzt, natürlich kann ich Dich hören, dachte Ralf, nur nicht reagieren. Jetzt etwas lauter: Können Sie mich hören? Jetzt? sagte Ralf fragend zum Arzt. Dann noch einen Tonlaut höher: Können Sie mich jetzt hören? Ja, ganz gut. Gut, jetzt bitte umdrehen und das andere Ohr in meine Richtung. Das gleiche Spiel noch mal und erst bei der dritten Frage antworten. Mann, Sie sind ja fast taub. Das kommt bestimmt von der lauten Musik, die ihr jungen Leute immer hört.

Kommen Sie bitte zum Tisch. Setzen. Der Junge setzte sich auf den Stuhl, während der Arzt gegenüber Platz nahm. Vor ihm lag ein Brett mit roten und orangefarbenen Holzstäbchen, die man in vorgebohrte Löcher stecken konnte. Der Doktor hantierte mit den Stäbchen und schob es Ralf zu. Was für eine Zahl sehen Sie? Ralf schaute zum Arzt hoch und fragte Siebzehn? Tatsächlich war die Zahl Vierzehn zu sehen, Ralf sah auch die Vierzehn. Der Arzt fragend: Siebzehn? Ralf antwortete zögerlich es könnte auch Vierzehn sein. Was jetzt ?, wieder der Arzt. Also gut, sagte Ralf, ich sehe Siebzehn. Der Arzt notierte und nahm ein anderes Brett mit hell und dunkelgrünen Stäbchen. Wieder rumstecken und zu Ralf schieben. Ralf sah, dass es Achtzehn war. Zum Arzt mit fester Stimme, ich sehe die Zehn. Der Arzt, Zehn? Es könnte auch Achtzehn sein und schaute dabei den Arzt an. Die Zahl steht auf dem Brett und nicht in meinem Gesicht, entgegnet der Arzt etwas unwillig. O. k., ich bleibe bei Zehn, entgegnet Ralf. Der Doktor machte kopfschüttelnd seine Notizen und lief zu einer Wandtafel mit verschiedenen Zahlen und Buchstabenreihen, die nach unten immer kleiner wurden. Ralf musste an einem Kreis stehen bleiben und der Arzt zeigte mit einem Stock auf einzelne Buchstaben. Die erste Reihe konnte er problemlos erkennen, die zweite Reihe auch, das musste der Arzt aber nicht wissen.

Aus M wurde N, aus Vier eine Sieben und so weiter. Bei den letzten zwei Reihen gab Ralf zu, nichts mehr zu erkennen, immer glaubhaft bleiben. Der Arzt fragte noch, haben sie einen Führerschein? Nein, antwortete Ralf wahrheitsgemäß. Ein Glück, meinte der Doktor, Sie sind ja schon als Fußgänger eine Gefahr für den Verkehr. Sie müssen zum Augenarzt, Sie brauchen eine Brille. Übrigens, für den Führerschein sehe ich schwarz. Der Arzt ging mit seinen Notizen zur Kommission ins Nachbarzimmer.

Sie ziehen sich wieder an. Ich muss nicht in Unterhosen auf den Flur, dachte Ralf, auch nicht schlecht. In voller Montur begab sich Ralf zur Kommission. Alle schauten ihn an, steckten die Köpfe zusammen und tuschelten dabei. Unsicher sah Ralf auf den Boden. Kommen Sie nach vorne, wurde er aus seinen Gedanken gerissen. Mit zitternden Beinen trat er vor bis zum Tisch. Einer drückte ihm einen Zettel mit seinem Passbild in die Hand. Die Passbilder musste man vorher abgeben. Dann noch einen Zettel mit der Überschrift: Ärztlicher Befund. Ja, muss ich nicht zur Nachuntersuchung? Die Frage kam wie automatisch aus Ralfs Mund. Die Jungs in Unterhosen draußen auf dem Flur warteten ja auf diese Untersuchung. Nein, sagte einer der Weißkittel, wir haben Sie ausgemustert, Sie sind für die Bundeswehr nicht tauglich, es reicht nicht mal zum Sanitäter. Mit enttäuschtem Gesicht nahm er die Zettel und verließ mit hängenden Schultern den Raum. Nur nicht grinsen oder gar jubeln, nicht dass die sich das noch mal anders überlegen. Die Jungs draußen schauten ihn fragend an. Nanu keine Unterhosen, keine Nachuntersuchung? Nee, bin untauglich. Ja Mann, dann freu dich doch. Da musst du aber einen ausgeben, du Glückspilz.

Er hatte immer noch Angst, seine Freude zu zeigen, weil immer wieder Uniformierte oder Weißkittel über den Flur liefen. Er öffnete das Blatt des ärztlichen Befunds, da stand aber nichts, sondern war nur ein Querstrich

Er wartete auf die Schulfreunde in einer Kneipe, um sich dort so richtig zu freuen. Das Problem Bundeswehr war gelöst, auch zur Freude des Chefs. Einer seiner Wünsche war in Erfüllung gegangen, man muss nur wollen. Prüfung bestehen wollen, aus dem Elternhaus ausziehen wollen.

Gesellenprüfung

Der Herbst kam und die Gesellenprüfung stand an. Erst die Theorie und dann die Praxis. Am Tag vor der Prüfung war der letzte Berufsschultag und Herr Mayer schwor die Schüler auf die Prüfung ein und sprach jedem Mut zu. Wird schon nicht so schwer, und ihr schafft das, man glaubte fast, er wüsste die Ergebnisse schon. Auch der Lehrherr meinte, Junge, du bestehst die Prüfung, von meinen Jungs ist noch nie einer durch die Prüfung gerasselt. In Ralf stieg die Nervosität, sollte er durchfallen, konnte er nicht abhauen und er wollte doch unbedingt das Horrorhaus verlassen. Er sprach sich selbst Mut zu. Mensch, du hast die Volksschule geschafft, den Bund vermieden, das Martyrium im Messiehaus einigermaßen schadlos überstanden, da wird dich doch diese Prüfung nicht zurückwerfen.

Der erste Prüfungstag. Bleich, manche unsicher grinsend, andere wieder wissend lächelnd, saßen die Prüflinge über die Aufgaben gebeugt. Zwischen jedem Prüfling war ein freier Stuhl, damit man nicht spicken konnte. Vier Prüfer liefen, die Arme auf dem Rücken verschränkt, zwischen den Stuhlreihen, immer die Augen auf die nervösen Prüflinge gerichtet, abschreiben war ausgeschlossen.

Als erste Aufgabe war Fachrechnen dran, ausgerechnet Rechnen, schlimmer konnte eine Prüfung nicht beginnen. Taschenrechner oder Rechenschieber waren verboten. Ich muss mindestens eine Vier schaffen. Bitte, bitte, dieser Gedanke schwirrte immerwährend durch Ralfs Kopf. Ein schrilles

Läuten ließ die Köpfe aufblicken. Fertig, Leute, sagte der Oberprüfer und die Prüfer sammelten hastig die Arbeiten ein. Kurze Pause. Raus aus der Klasse, auf die Toilette gehen, dann auf den Pausenhof, was trinken und eine rauchen. Sie standen in Grüppchen rum und diskutierten die Aufgaben. Was hast du bei der ersten Aufgabe rausbekommen? Hast du alle Aufgaben verstanden oder gar gelöst? Diese Fragen hörte man aus jeder Gruppe. Die Klingel ertönte. Zurück in den Prüfungsraum, setzen.

Fachkunde war dran, nicht so schwer, Gott sei Dank. Fachzeichnen, na ja, ging so. Mittagspause. Sie gingen in die Stadt zur Frittenbude. Currywurst, Schaschlik, Pommes, Cola, jeder rief seinen Wunsch der überforderten Bedienung zu. Während des Essens wieder die Diskussionen über die Arbeiten. Die Aussagen über die Ergebnisse waren so verschieden, dass man glauben musste, da können nur wenige bestanden haben. Mittagspause war um und rauchend begab man sich auf den Weg zur Berufsschule. Politische Gemeinschaftskunde war das nächste Prüffach und auch das leichteste, weil es Ralfs Lieblingsfach war.

Die mündliche Prüfung war das letzte Prüffach der Theorie. Die Schüler mussten einzeln in ein anderes Klassenzimmer. Da saß ein Prüfer am Lehrerpult und der Prüfling stand davor. Ralfs Prüfer war ein Meister aus seinem Heimatort, den er gut kannte, war der doch ein Schulkamerad von Bruder Rudi. Der Meister war nett und fragte einiges aus dem Berufsleben des Installateurs und Spenglers. Er hakte dabei die Fragen auf seinem Bogen ab. Nach einer halben Stunde war er fertig und sagte, das hast du gut gemacht. Ralf fragte zögerlich, ob er was von der theoretischen Prüfung wüsste. Er wog nur seinen Kopf hin und her und sagte dabei, ich kann nur so viel sagen, wenn es eng werden sollte, werden deine Berichtshefte hinzugenommen und deine sind gut, die habe ich gesehen. Mach dir keinen Kopf, du schaffst das.

Theoretische Prüfung war rum, tief durchatmen und nach Hause fahren und abschalten. War gar nicht so einfach, das Abschalten. Immer wieder im Kopf durchrechnen, wenn es schlecht gelaufen war: Rechnen 5, Fachkunde 4, Fachzeichnen 4, pol. Gem. Kunde 3, das wäre 16 geteilt durch vier, das wäre eine 4 und würde reichen, theoretisch. Die Hoffnung stirbt zuletzt. Mit diesem Zahlengewirr im Kopf schlief er ein.

Tag zwei der Prüfung, praktische Prüfung. Alle waren im Werkraum versammelt. In Arbeitskleidung und aufgeregt. Das Prüfmaterial musste jeder selbst mitbringen. Das waren zwei Meter Stahlrohr zweiunddreißig Millimeter, zwei Meter Bleirohr vierzig Millimeter, eine halbe Tafel Stahlblech und eine halbe Tafel Zinkblech, dazu Bleilot, Lötzinn, Schweißdraht und Werkzeuge. Die Prüfer verteilten die Aufgaben, das waren Zeichnungen zum Fertigen eines Ofenrohrs, eines Blei-Siphons, einer Dachrinne, eines Abfallrohrs für die Dachrinne und eines Heizungsverteilers aus Stahlrohr. Sie hatten sechs Stunden für die Arbeiten. Vor den Blecharbeiten und dem Bleirohr hatte Ralf keine Bange, aber ein Stahlrohr schweißen? Das wurde im Lehrbetrieb nie gemacht und das Üben mit Peter war auch nicht so gut gelaufen. Wenn aber drei Arbeiten gut waren, konnte man eine versemmeln, wenn und aber oder hätte, egal er musste da durch. Eine Vier würde reichen. In dem Raum war ein Lärm, da wurde gesägt, gefeilt, gehämmert, gedengelt, die Brenner zischten, man konnte sich kaum oder nur laut unterhalten.

Die Prüfer waren beim Praktischen nicht so streng, manche gaben sogar Tipps oder gaben mit den Augen Zeichen, wenn sie einen Fehler entdeckten. Es war fünfzehn Uhr, die Arbeiten mussten mit dem Klingelzeichen eingestellt werden, egal wie weit man das Teil fertiggestellt hatte. Pause bis sechzehn Uhr. Schnell in die Stadt zum Schnellimbiss, zittern und auf das Ergebnis warten.

Schon vor dem Termin waren die meisten schon im Prüfraum, um auf die Ergebnisse zu warten. Es kam selten vor, dass die Schüler schon lange vor Beginn des Unterrichts alle anwesend waren. Die Prüfer saßen neben dem Oberprüfer hinter einem langen Tisch, während die Schüler standen, auf dem Boden oder auf den Tischen saßen. Vor dem Oberprüfer lagen die begehrten Dokumente, der blaue Gesellenbrief. Es war still im Raum. Jeder Lehrer würde sich eine solche Stille wünschen, aber diese Stille war geschwängert von Angstschweiß, Nervosität und Angst, Angst versagt zu haben. Zumal einige der Prüflinge schon ihre zweite Prüfung ablegten, weil sie die erste nicht bestanden hatten.

Die Prüfer blickten schweigend in die Runde, als wollten sie schauen, welcher der Kandidaten durchgefallen war. Der Oberprüfer erhob sich und begann mit der Stimme eines Quizmasters zu sprechen: Zunächst möchte ich mich bei meinen Kollegen für die Unterstützung bedanken. Mein besonderen Dank und meinen Glückwunsch an Herrn Mayer für die gute Ausbildung der Schüler. Ich danke den Lehrherrn, dass sie Lehrlinge ausbilden und Euch, liebe Lehrlinge, meine Anerkennung für Euren Eifer und Engagement während der Prüfungstage. So und jetzt zum Wesentlichen. Folgende Lehrlinge haben die Prüfung, Kunstpause, NICHT bestanden. Wieder Pause. Umherschauen. Mit weit offenen Augen starrten zig Augenpaare auf den Redner. Nur nicht meinen Namen nennen, dachten die meisten. Der ‚Quizmaster' hob einen Zettel hoch und begann langsam die Namen der Durchgefallenen zu nennen. Die Reaktion der genannten war unterschiedlich. Während der einen oder anderen Tränen kamen, wurden andere rot im Gesicht und wieder andere verließen wortlos den Raum. Nachdem acht Namen genannt wurden, wieder Pause, während Ralf dachte, wie viele Namen wohl noch vorgelesen werden, die erlösenden Worte: alle anderen bitte einzeln nach der Nennung ihres Namens nach vorne kommen. Urplötzlich ein kollektiver Schrei und Lachen aus den Gesichtern der Neugesellen. Umarmungen. Mensch bestanden.

Endlich vorbei der Drill. Diese Entspannung und die Last der Zentnersteine, welche von den Jungs abfielen, waren überdeutlich zu spüren. Ralf hörte wie aus weiter Ferne seinen Namen und begab sich zum Ausgabetisch. Jeder der Prüfer drückte ihm die Hand und beglückwünschte ihn zur bestandenen Prüfung. Der Meister vom Heimatort gab ihm noch einen freundschaftlichen Klaps und meinte, ich hab es dir doch gesagt, du schaffst das. Vom Oberprüfer bekam er nach dem Handschlag den Gesellenbrief ausgehändigt. Jetzt war es amtlich, er war Geselle, hatte es geschafft. Man muss nur wollen. Johlend und singend verließen sie das Zimmer und ab in die Stadt zum Feiern.

Am nächsten Morgen im Elternhaus, es war Samstag und Rudolf hatte frei, nur ein kurzer Kommentar: gut, dass du bestanden hast. Jetzt verdienst du endlich Geld und kannst mehr zu deinem Unterhalt beitragen, wir haben dich lange genug durchgefüttert. Da du jetzt mehr Geld bekommen wirst, darfst du fünfzig Mark im Monat behalten. Ja wir sind großzügig, das machen nicht alle Eltern, denke immer dran, du hast es gut bei uns.

Schlagzeug und Schlagwerkzeug

Im Partyklub spielte eine Band, mit der sich die Jungs befreundeten und irgendwer hatte die Idee, auch eine Band zu gründen. Instrumente hatte natürlich keiner und es konnte auch keiner eines spielen. Die Band kam aus Berlin, der Schlagzeuger war Schweizer. Die Jungs der Band waren immer gut drauf, und die Mädchen himmelten sie an. Das wollten Ralf und seine Freunde auch. Der Schweizer wurde plötzlich zum Militärdienst in seinem Heimatland einberufen. Er wollte sein Schlagzeug verkaufen und Ralf erwarb das Gerät für sechshundert Mark. Er hatte heimlich gespart, eigentlich für den Führerschein, aber Bandmitglied und Groupies waren im Moment wichtiger. Jetzt war er stolzer Besitzer eines Instruments.

Franz, der geizig Clevere, sagte sofort, ich werde singen, du spielst Schlagzeug und die anderen müssen sich Gitarren kaufen, dann legen wir los. Zunächst gab es in Ralfs Elternhaus Ärger, als das Schlagzeug mit dem Bandbus angeliefert wurde. Natürlich die obligatorische Frage, woher hast du so viel Geld? Natürlich kostete das Teil angeblich nur zweihundert Mark und die hat mir Franz geliehen. Emilie war beruhigt und Ralf musste sich näher erklären. In jeder freien Minute übte beziehungsweise quälte Ralf das Gerät und die Nerven seiner Mitmenschen. Franz sang öfters als Gastsänger bei Bands, er konnte sehr gut die ‚Kinks' und ‚Little Richard' imitieren. Nur die Kumpels hatten es nicht so eilig, sich Instrumente zu kaufen. Es kam, wie es so oft bei Jugendlichen kommt, das Spielzeug verlor seinen Reiz. Erstens das ständige Gemecker von Eltern und Nachbarn über den Lärm, zweitens das zögerliche Verhalten der Kumpels bei der Instrumentenbeschaffung.

Irgendwann kam der Zufall zu Hilfe. Franz hatte eine Band gefunden und einen Schlagzeuger ohne Schlagzeug. Ralf wollte sein Gerät verkaufen und wurde sich schnell mit dem Interessenten über den Preis einig. Als der Junge zu Ralf kam, um sein erworbenes Schlagzeug abzuholen, kam es zum Eklat. Der neue Schlagzeugbesitzer hatte einen sehr ungünstigen Zeitpunkt erwischt. Rudolf war wieder mal angetrunken. Als der Junge sein erworbenes und bereits bezahltes Instrument einpacken wollte, stand Rudolf plötzlich vor den Jungs und schrie, das Ding bleibt hier. Mutig entgegnete Ralf, das habe ich gekauft, das ist meins und ich kann es verkaufen oder verschenken. Die mitgekommenen Kollegen des Neuschlagzeugers brachten währenddessen schon einige Schlagzeugteile zu ihrem Auto. Rudolf wurde immer wütender und ausfallender und verließ das Zimmer. Schnell trugen die Jungs den Rest zum Auto, als plötzlich Rudolf mit einer Axt im Zimmerstand und drohend auf Ralf zulief.

Zur Säule erstarrt stand der Junge in der Zimmerecke und Rudolf die Axt schwenkend davor. Rudolfs Augen waren blutunterlaufen, sein Atem war vom Alkohol geschwängert und aus seinen Mundwinkeln triefte der Geifer wie bei dem Fuchs, der vor Jahren im Hof die Hunde angriff. Obwohl Ralf vor Angst erstarrt da stand, schrie er mit weinerlicher, fast überschlagender Stimme, schlag doch zu, dann habt ihr endlich Ruhe vor dem Bankert. Durch das Geschrei angelockt stand unerwartet Emilie im Türrahmen. Ihre fast zugewachsenen Augen verengten sich und dann stürmten ihre hundertzwanzig Kilo zwischen Rudolf und den Jungen. Sie weitete ihre dicken Arme aus, wie die Jesusstatue in Rio, und stellte sich schützend vor Ralf, wer hätte das gedacht.

Zu Rudolf gewandt schrie sie mit ihrer bekannten Lautstärke, man konnte sie bestimmt bis zum Wald hören, meinst du ich habe den großgezogen, um ihn von dir erschlagen zu lassen? Wenn du schlagen musst, du Vollsauf, dann musst du zuerst mich erschlagen. Seltsamerweise zeigte sie in diesem Moment die Mutter, die sich der Junge immer gewünscht hatte. Knurrend ließ Rudolf die Axt fallen und schlich aus dem Zimmer. Sie drehte sich zu Ralf um, bei dem jetzt alle Dämme brachen, er konnte nur noch weinen, wieder einmal, während sie fast entschuldigend sagte, er hat es nicht so gemeint. Wie? Nicht so gemeint, dröhnte es in Ralfs Hirn, der hätte bestimmt zugeschlagen. Sie verließ ebenfalls das Zimmer und ließ Ralf als Häufchen Elend zurück. Der Junge hat etwas später ebenfalls den Ort des Schreckens verlassen, um bei Opa Benedikt Trost zu suchen. Am nächsten Tag sagte Rudolf zu Ralf, es tut mir leid, war nicht so gemeint, ich hab dich doch lieb. Nur glauben konnte und wollte der Junge das nicht. Er stotterte kurz, ja schon gut. Im Hinterkopf der Gedanke, wie schon so oft, ich bin bald weg, weit weg. Jetzt wo ich Geselle bin, steht mir die Welt offen.

Endlich Geselle, endlich frei

Der Chef bot ihm, da er jetzt Geselle im ersten Jahr war, einen Stundenlohn von einer Mark dreißig an. Eine Mark dreißig war nicht die Welt, aber immerhin. Natürlich wollte Emilie als erste wissen, was der Junge jetzt verdiente. Ralf fühlte sich immer unwohler in dem Messiehaus, die Arbeit zu Hause nach der Arbeit im Geschäft, immer nur Stress. Der Stiefvater war wie immer jeden Freitag besoffen, immer das Geschrei der Stiefmutter. Kurz: er hatte die Schnauze voll.

Die Freunde hatten fast alle den Führerschein, als Belohnung von ihren Eltern bezahlt. Nur Ralf nicht, obwohl ihm Rudolf immer versprach, dass er ihm den Führerschein bezahlen würde. Rudolf hatte keinen Autoführerschein, und das war gut so. Der hätte in seinem Suff bestimmt schon einige Unfälle gebaut. Dass er besoffen Motorrad fuhr, war schlimm genug. Emilie meinte bei dem Thema Führerschein nur, wir sind auch ohne Führerschein alt geworden und mit der Bahn kommt man überall hin. Verdiene erst mal Geld und spare, dann kannst du auch an ein Auto denken.

In der Zeitung las Ralf die Stellenanzeigen und verschickte Bewerbungen. Er suchte Firmen, die nicht in unmittelbarer Nähe des Heimatorts lagen. Er wollte weg. Aber einfach abhauen ohne sichere Arbeitsstelle wollte er nicht, er brauchte Sicherheit. Er bekam auch schnell eine Zusage. Eine Firma suchte Rohrschlosser, die in einer Chemiefabrik arbeiten sollten. Das Angebot war verlockend, zwei Mark die Stunde und tägliche Spesen von dreizehn Mark. Er nahm die Stelle an.

Er hatte zwar keine Ahnung, was ein Rohrschlosser so macht, aber die Firma suchte ja Installateure, und als solcher hatte er sich beworben. Einige Tage nach der Zusage bekam er einen Arbeitsvertrag und sollte die Stelle zwei Wochen später antreten. Er kündigte bei seinem Lehrherrn, der sehr enttäuscht war, er hätte sich gewünscht, dass Ralf bei ihm bleibt, meinte er. Mensch Junge, bei uns weißt du, was du hast, in der Fremde gehst du vielleicht unter. Du bist zu sensibel für die Welt da draußen. Ralf schluckte, es tat ihm in diesem Moment Leid, gekündigt zu haben, aber er wollte es trotz der Ermahnungen wagen.

Zu Hause wurde ebenfalls über die Kündigung diskutiert, aber mit der Aussicht auf einen höheren Beitrag zur Familienkasse waren die Pflegeeltern gar nicht so abgeneigt, ihre Zustimmung zu geben. Im Dorf wohnten einige Leute, die ebenfalls in dem Chemiewerk arbeiteten und jeden Tag mit dem Auto die sechzig Kilometer in die Fabrik fuhren. Ralf schloss sich einer Fahrgemeinschaft an und fuhr zu seinem ersten Arbeitstag in die Fabrik. Er war noch nie in Ludwigshafen und schon gar nicht in einer Chemiefabrik gewesen, er wusste nicht, was ihn erwartete. Je näher sie der Fabrik kamen, umso aufgeregter wurde er. Hatte er nichts vergessen? Lohnsteuerkarte, Gesellenbrief und Ausweis, zum xten Mal die Tasche kontrollieren.

Die drei Männer im Auto erzählten ihre Wochenenderlebnisse und taten so, als würden sie die Nervosität des Jungen nicht merken. Nach einer

Stunde Fahrzeit fuhren sie auf den Parkplatz der Firma und gemeinsam liefen sie zum Haupttor des Chemieriesen. Wir treffen uns um fünf Uhr dreißig hier, sagte der Fahrer. An der Pforte standen Wachmänner in blauen Uniformen und die Mitfahrer zeigten eine Art Ausweis und wurden durchgewunken. Ralf hatte noch keinen Firmenausweis und musste in ein Nebengebäude zur Anmeldung. Hier erwartete ihn sein neuer Chef.

Er war der Bauleiter, der Firmenchef saß in Bonn. Ihn sollte Ralf erst viel später kennenlernen. Ralf erkannte den Bauleiter an dem Firmenlogo an der blauen Arbeitsjacke. Der Bauleiter stellte sich vor. Hallo mein Name ist Ernst und du bist sicher der Ralf, und schüttelte ihm mit einem festen Händedruck die Hand. Herr Ernst war groß, bestimmt einen Kopf größer als Ralf und hatte strohblonde, dünne Haare. Er sprach lupenreines Hochdeutsch, was Ralf schwerfiel, bei ihm kam immer das pfälzische durch. Hattest du eine gute Anreise, fragte Herr Ernst so nebenbei und schaute mit seinen wässrig blauen Augen über die wartenden Leute.

Der Raum war ganz schön voll, und die Menschen standen vor einer langen Theke, hinter der mehrere Männer in blauen Uniformen saßen. Ich erwarte noch drei Leute, meinte Herr Ernst und ließ weiter seinen Blick über die Menge schweifen. Endlich schien er sie oder sie ihn zu entdecken. Die drei stellten sich vor, sie kamen aus der Westpfalz und sprachen Dialekt. Es waren zwei Brüder und deren Freund. So, Männer, jetzt gebt mir mal eure Personalausweise und wartet hier. Mit den Ausweisen bewaffnet ging Herr Ernst zur Theke und legte sie einem der Uniformträger vor. Nach zehn Minuten kam Herr Ernst mit den Firmenausweisen zu den Wartenden. Die Neuen mussten den Ausweis und eine Broschüre unterschreiben. In der Broschüre standen die Benimmregeln und Sicherheitsvorschriften, die innerhalb der Fabrik einzuhalten waren. Eine unterschriebene Kopie gab Herr Ernst bei den Blauröcken ab und ging dann mit den Jungs, sie waren alle so um die zwanzig Jahre alt, zu seinem Auto.

Die Fabrik war so groß, dass man zumindest ein Fahrrad brauchte, um zu den einzelnen Bauten zu kommen. Also, gut roch es nicht in der Fabrik, da musste man sich erst dran gewöhnen. Jetzt fuhr der Bauleiter mit den Jungs zu einem riesigen Backsteinbau. So hier sind eure Spinde, da zieht ihre eure Arbeitsanzüge an und dahinten sind die Duschen. Er öffnete eine große Tasche und drückte jedem einen Arbeitsanzug und ein Schloss in die Hand. Passt auf den Schlüssel auf, wenn ihr ihn verliert, müsst ihr ein neues Schloss kaufen. Zieht euch jetzt um, ich warte draußen auf euch. Sprachs und verschwand.

Ich bin Manfred, sagte einer der Brüder, und gab Ralf die Hand, der andere Bruder stellte sich mit Ernst vor, während der dritte ein Dieter nuschelte und ebenfalls die Hand reichte. Hoffentlich finden wir den Spind wieder, meinte Manfred. Da waren Hunderte dieser Spinde in etlichen Reihen, und einer sah wie der andere aus. Zwischen den Spindreihen waren lange Bänke. Und überall sah man Männer, die sich der Wegkleidung entledigten und in blaue Arbeitsanzüge schlüpften. Ein Stimmengewirr erfüllte den Raum mit etlichen Dialekten und Fremdsprachen.

Nachdem die vier umgezogen waren, gingen sie gemeinsam zum wartenden Bauleiter. Sie fuhren weiter, an riesigen Hallen vorbei. Da war ein reger Verkehr auf den Straßen der Firma, so was hatte Ralf noch nie gesehen, es war unvorstellbar für ihn. Das war ja eine Stadt in der Stadt. Mit Bussen, Pkw's, Lkw's, Hunderten von Radfahrern, sogar Züge fuhren durch die Fabrik. Nach ca. zehn Minuten hielt der neue Chef vor einem zweistöckigen Backsteingebäude und meinte, wir sind da. Der Chef stellte die Neuen den Kollegen und dem Vorarbeiter vor und verzog sich anschließend in sein Büro.

Jeder der neuen bekam einen Arbeitsplatz zugeteilt, da hatte jeder seine Werkbank mit Riesenschraubstock und Schubladen, die mit Werkzeugen bestückt waren. Ihr müsst auf euer Werkzeug achten, ihr seid verantwortlich dafür, wenn was fehlt, kann es vom Lohn abgezogen werden, naja kann abgezogen werden, meinte er schmunzelnd. In der Halle war ein Lärm, da wurde gehämmert, geschweißt und geschraubt, alles war neu für Ralf. So viele Kollegen, nie gekannte Arbeit, er stand etwas hilflos an seiner Werkbank und schaute verstohlen zu seinen Nebenleuten. Der erste sprach ihn an: Woher du kommen? fragte er in südpfälzischem Dialekt.

Da Ralf nicht sofort reagierte, bohrte der Nachbar weiter, du Türke oder? Nee Hochspeyer, antwortete Ralf. Der andere wieder: Schon lange in Deutschland? Ja, neunzehn Jahre, sagte Ralf, erst dann kapierte der andere, dass Ralf auch pfälzisch sprach. Du siehst aber aus wie ein Ausländer, murmelte der neue Kollege und widmete sich wieder seiner Arbeit. Die Frage nach seiner Herkunft und

Nationalität sollte Ralf noch öfter in seiner neuen Umgebung hören und beantworten müssen.

Der neue Vorarbeiter kam zu Ralf und sagte: Komm mal mit, und Ralf folgte ihm. Hier, der Kollege Bollinger wird dich einarbeiten. Du hilfst ihm zwei, drei Wochen, dann musst du alleine klarkommen. Herr Bollinger war ein sympathischer Mann aus der Landauer Gegend, schüttelte Ralf die Hand. Ich bin Roland, sagte er, wir werden das Kind schon schaukeln. Er fragte nicht nach Ralfs Wurzeln, und das machte ihn für Ralf noch sympathischer.

Eine schrille Klingel heulte plötzlich auf, Mittagspause, plötzlich war es still in der Halle. Die Männer begaben sich zu einer Waschrinne mit zig Hähnen und wuschen sich die Hände. Einige schwangen sich auf ihre Räder und fuhren zur Kantine, andere wieder holten Styropor-Platten unter ihren Werkbänken hervor, legten sie auf die Werkbank und setzten sich drauf. Sie packten ihre mitgebrachten Brote aus und mampften vor sich hin. Andere lasen die Zeitung dabei oder erzählten Witze.

Ralf hatte nichts dabei. Robert sagte, um die Ecke ist eine Verkaufsstelle, da kannst du dir was holen. Also ab zur Verkaufsstelle, da stand schon eine kleine Schlange und wartete darauf bedient zu werden. Eine Rolle Doppelkekse und eine Limo bitte. Eine nette Verkäuferin übergab ihm die Bestellung. Einsfünfzig bitte. Wer kommt als nächster?

Am Nachmittag zeigte ihm Roland die Werkstatt und das Magazin und klärte ihn über seine zukünftigen Tätigkeiten auf. Er warnte ihn vor Radfahrern. Wieso vor Radfahrern? fragte Ralf naiv. Roland antwortete lachend, das sind Kollegen, die dich bei den Vorgesetzten verpfeifen. Ja solche Typen gab es auch in Ralfs Leben, also Vorsicht. Nicht zu viel erzählen. Wieder diese laute Klingel, siebzehn Uhr, Feierabend. Alle räumten ihre Werkzeuge weg, Schubladen abschließen und nix wie weg.

Im Nu war die Werkstatt leer. Mit dem Rad und zu Fuß begab sich die Masse in Richtung Bäder, so nannten sie die Halle mit den Duschen und Spinden. Erstaunlich schnell fand Ralf seinen Spind, fand er zumindest. Viele der Männer zogen sich nackt aus, lachten und alberten, um sich dann unter die Duschen zu begeben. Ralf wurde rot bis zur Haarwurzel: so viele nackte Männer hatte er noch nie gesehen, er hatte überhaupt noch keinen nackten Mann zuvor gesehen. Er wusste gar nicht, wo er hinschauen sollte. Mann war das peinlich. Ihm fiel auf, dass sich türkisch aussehende Männer nicht auszogen, die wuschen sich nur die Hände und das Gesicht. An diesem ersten Tag machte es Ralf ihnen nach.

Nun schnell zum Tor. Eine riesige Menschenmenge strebte dem Ausgang zu. Ausweis zeigen, die blau gekleideten Pförtner zogen wahllos Menschen aus der Masse, um ihre Taschen zu kontrollieren. Ralf wurde durchgewunken. Da warteten schon zwei der Mitfahrer. Wie war der erste Tag? Och, ganz nett. Der Fahrer kam hinzu, und gemeinsam begab man sich zum Parkplatz. Die Heimfahrt verlief ziemlich ruhig. Im Ort angekommen: Morgen früh, gleiche Zeit und Servus.

Ralf gewöhnte sich schnell an die neue Arbeit, den langen Fahrweg und das Nacktduschen wurde auch selbstverständlich. Der erste Lohn, so viel

Geld. Ralf war richtig glücklich, die Pflegeeltern natürlich auch. Die waren auf einmal richtig nett zu dem Jungen. Emilie gab ihm sogar belegte Brote mit. Die Fahrt zur Arbeit war nicht umsonst, also jeden Monat hundert Mark für den Fahrer, was Emilie nicht so schmeckte, weil es ja von der Gesamteinnahme abging.

Der Heimfriede währte nicht lange. Rudolf war sauer, weil Ralf mittlerweile mehr Geld verdiente als sein Ziehvater, kamen wieder diese bösen Worte, wie sie der Junge schon seit frühester Kindheit hören musste. Ralf war jetzt etwas selbstbewusster und gab dem Besoffenen entsprechende Antworten, bis der Alte die Beherrschung verlor und die Hand hob, um zuzuschlagen. Er traf aber nicht, war zu besoffen. Den zweiten Schlag bekam Emilie ab, weil sie sich dazwischen schob, sie hatte noch einige Tage ein blaues Auge.

Viele von Ralfs Kollegen wohnten in der Chemiestadt, sie kamen ja aus ganz Deutschland. Sie hatten Zimmer bei Familien oder wohnten in kleinen, günstigen Pensionen. Der Chef hatte immer einige Adressen von Vermietern. Ralf fragte, ob er ihm ein Zimmer besorgen könnte. Selbstverständlich, keine Frage antwortete Herr Ernst. Sag mir, wann du ein Zimmer brauchst, dann fahre ich dich hin. Was kostet so ein Zimmer fragte Ralf. Na ja, so um die fünfzig Mark musst du rechnen.

Ralf erzählte dem Chef von seiner Lage und den Zuständen in seinem Zuhause. Das ist ja schlimm, sagte der Chef, du musst da raus, je schneller, desto besser. Du kannst jederzeit eine Bude bekommen, meinte er. Sag einfach Bescheid, und ich fahre mit dir zu einem bezahlbaren Zimmer. Gut zu wissen, dachte Ralf und sah optimistisch in die Zukunft.

Die Arbeit gefiel ihm und die Kollegen waren nett und ohne Vorurteile. Daheim wurde der Stress immer größer. Den Pflegeeltern missfiel es, dass er immer so spät nach Hause kam, weil er nicht mehr im Garten helfen konnte, und die Waldtage zum Holzholen konnten auch nicht genutzt werden. Dafür wurde er am Samstag eingespannt.

Es war mal wieder Freitag, Angsttag. Hatte Rudolf wieder gesoffen? Natürlich war er wieder betrunken, als Ralf gegen sieben Uhr von der Arbeit kam. Der Alte begann rumzunörgeln, so von wegen der Kanake kommt heim, wann es ihm passt, wer weiß, ob der wirklich von der Arbeit kommt. Und schaut mal die langen Borsten an, sieht ja aus wie ein Penner.

Ralf entgegnete, all seinen Mut zusammengefasst, besser ein langhaariger Penner als ein besoffener Bauhilfsarbeiter. Seine Stimme überschlug sich fast und klang dabei weinerlich. Emilie wollte schlichten, der Papa hat es nicht so gemeint. Rudolfs gerötete Augen starrten hasserfüllt auf den Jungen, dabei wankte er leicht und hielt sich am Tisch fest. Mit der freien Hand griff er hinter sich und hielt plötzlich ein Messer in der Hand. Ich stech dich ab, du Tunakler, da war es wieder dieses böse Wort, das Ralf an seine Herkunft erinnern sollte, und torkelte in Richtung Junge.

Beide schrien sie jetzt so laut, dass Benedikt seine Tür öffnete, was er sonst nie oder nur selten tat, und fragte verstört, was ist denn hier los? Emilie schrie ebenfalls, sie konnte es lauter als die beiden

Streithähne und hielt verkrampft die bewaffnete Hand ihres Manns fest. Ralf drehte sich ab und verlies wortlos, von üblen Schimpfkanonaden des Betrunkenen begleitet, das Haus.

Sein Entschluss stand fest, heute haue ich ab. Er lief ins Dorf zur Telefonzelle und rief seinen Chef an. Herr Ernst, ich werde am Samstag kommen und bleiben. Geht das mit dem Zimmer noch in Ordnung? Klar, sagte Herr Ernst in den Hörer. Er wollte nicht wissen, warum, und der Junge war ihm dankbar dafür. Er lief weiter zum Bahnhof um zu schauen, wann der erste Zug fährt. Später ging er mit den Jungs in die Stadt, er hatte ja Zeit. Er sagte niemanden etwas von seinem Fluchtplan. Vielleicht würde ihn einer verraten, wer weiß? Das bisherige Leben hatte ihn gelehrt, vorsichtig zu sein.

Am frühen Morgen schlich er in sein Zimmer, beide Elternteile schnarchten um die Wette, das passte gut zu seinem Fluchtplan. Im Flur stand noch ein alter Koffer von Margret, die war ja in Amerika und brauchte ihn nicht mehr. Schnell die Klamotten, Schuhe und Papiere rein – er hatte ja nicht viel und zudrücken. Den Haustürschlüssel legte er auf den Nachttisch und schlich sich leise mit dem Koffer aus dem Zimmer und aus dem Haus. Er dachte nur noch an Flucht, keine Trauer kam auf, worüber auch. Endlich weg aus dem Messiehaus, weg vom Streit. Nur Opa tat ihm leid. Aber der würde ihn sicher verstehen.

Der Koffer war doch schwer und der Weg zum Bahnhof war weit. Der Koffer sah schon sonderbar aus, vor allem bei einem jungen Mann. Er hatte ein Schlangenledermuster, grauweiß, und sah eher aus wie ein kleiner Schrank, aber es war ihm egal, Hauptsache weg.

Er brauchte fast eine Stunde zum Bahnhof. Zum Glück war es Samstag, früh um sechs, und keine Leute unterwegs, die ihn sehen konnten. Das hätte gerade noch gefehlt, so kurz vorm Ziel noch abgefangen zu werden. Er war ja erst neunzehn und noch nicht volljährig. Er gelangte ohne Zwischenfall zum Bahnhof. Karte lösen, Ludwigshafen einfach, zahlen und das Ticket zur Freiheit in Empfang nehmen. Gleis Zwei. Noch zwanzig Minuten warten und hoffen. Hoffentlich kommt keiner, der mich kennt, dachte Ralf. Der Bahnsteig war menschenleer und das war gut so. Keine Gefahr.

Stöhnend und zischend fuhr die Dampflok mit ihren Wagen in den Bahnhof ein. Jetzt warten bis er steht: Tür auf, Koffer rein, schwitzend das Raucherabteil suchen und erschöpft in die Holzbank sinken. Der Koffer war zu groß und zu schwer, um im Gepäcknetz zu parken, also auf dem Boden stehen lassen. Langsam begann er sich zu beruhigen. Jetzt kamen andere Gedanken. Wie und wo wird das Zimmer sein? Wie wird es mit dem Kochen oder dem Wäsche waschen? Ist der Hausherr nett oder ein zweiter Rudolf? Zum Glück wurde der Lohn wöchentlich bar ausgezahlt. Das Geld, das er hatte, würde nicht reichen. Es waren gerade mal fünfzig Mark und Geld gab es erst am Freitag. Egal, Hauptsache weg von dem Ort des Schreckens, schlimmer konnte es nicht werden. Ankunft in Ludwigshafen, für den Jungen eine Großstadt.

Der Bahnhof kam ihm riesig vor, und es waren schon jede Menge Leute im und um den Bahnhof.

Keiner nahm Notiz von dem Jungen mit dem Riesenkoffer. Telefonzelle aufsuchen, zwei Groschen rein und Herrn Ernst anrufen. Ich bin in einer halben Stunde da, warte auf dem Vorplatz auf mich, bis später dann. Jetzt gab es kein Zurück mehr, positiv an die Zukunft denken. Herr Ernst kam auch pünktlich mit seinem VW Käfer angefahren. Als er den Koffer sah, meint er lächelnd, hast du da deine Möbel drin, und wuchtete das Teil auf die Rückbank, weil er nicht in den Kofferraum passte. So, dann fahren wir mal zu deiner neuen Wohnung.

Die beide fuhren nur zehn Minuten, als der Chef plötzlich vor einem Lokal stehen blieb und einparkte. So, wir sind da, sagte er und bat Ralf auszusteigen. Er klingelte an einem Tor neben dem Lokal und sah dabei aufmunternd zu dem Jungen.

Kurze Zeit später öffnete eine Frau so um die fünfzig das Tor. Sie sah gut und sehr gepflegt aus. Guten Morgen Herr Ernst, haben sie den jungen Mann gleich mitgebracht? Ja, Frau Krämer, das ist Ralf, ein neuer Mitarbeiter, naja nicht ganz so neu, der arbeitet schon einige Wochen bei uns, und das ist Frau Krämer, sagte er zu Ralf gewandt. Ralf gab der Frau die Hand und machte dabei einen Diener, wie er es gelernt hatte. Ralf möchte nicht mehr jeden Tag heimfahren und braucht deshalb ein Zimmer, sagte Herr Ernst zu der Dame. Diese musterte Ralf von oben bis unten, um dann zu fragen, sind sie Wochenendheimfahrer? Der Junge verstand zwar die Frage nicht, antwortete trotzdem nein, nur ab und zu werde ich heimfahren.

Sind sie Ausländer kam die nächste Frage. Nein stotterte Ralf, bin Pfälzer. So, dann zeige ich ihnen das Zimmer, sagte sie und rief über die Schulter, bitte folgen sie mir. Er folgte den beiden und zog dabei seinen Koffer mit. Über ein Treppenhaus ging es zum ersten Stock. Sie zog einen Schlüsselbund aus ihrer Tasche und schloss den Abschluss auf. Hier ist das Bad, da die Küche und hier links ist ihr Zimmer. Sie müssen sich das Zimmer mit einem älteren Mann teilen – der ist Wochenendheimfahrer. Das linke Bett und der linke Schrank gehören ihnen. Die Betten waren frisch bezogen und das Zimmer war nett und sauber. Jetzt räumen Sie in Ruhe ihre Sachen ein und kommen später rüber, dann machen wir den Mietvertrag.

Herr Ernst verabschiedete sich von Ralf mit den Worten: Also dann bis Montag und gewöhne dich gut ein. Auch Frau Krämer verließ den Raum und drückte ihm zuvor den Schlüsselbund in die Hand. Müde, erschöpft und etwas melancholisch ließ sich Ralf auf das Bett fallen.

Jetzt war er weg, jetzt begann ein neues Leben. Sein neues Leben. Und es wurde ein gutes, glückliches Leben.

Edition Amici

Edition Amici Essay

Alf Hermann

Doch alle Kunst will Ewigkeit
Essays mit einer neuen Sicht auf alte Meister

Alf Hermann

Noch einmal nachgedacht
Ein Essay über sieben letzte Fragen

Edition Amici Drama

Helmut Landwehr

Romanzero. Disparates
Zwei Versuche über Heinrich Heine

Edition Amici Prosa

Marion Röttgen

Kindheiten – Kurzgeschichten

Marion Röttgen

Schlimme Geschichten

Rolf Jeblick

Tunakler
Geschichte eines Besatzungskindes

Edition Amici Studien

Hanns Frericks

Kant und seine Relevanz für ethische Probleme der Gegenwart. Vorträge und Aufsätze

Denny Paulicke

Was ist Gesundheit?
Versuche zu den Themen: Krankheit – Arbeitslosigkeit – Mediale Überlastung